AUTORE

Giovanni Maressi (19 luglio 1979), farmacista, persona responsabile di ingrosso farmaceutico, fotoamatore e istruttore di scherma, vive a Napoli, capitale del Mezzogiorno. Fin da bambino appassionato di Storia, soprattutto del periodo tra le due guerre e la Seconda guerra mondiale. Ultimamente ha approfondito questo interesse iniziando a svolgere ricerche storiche per ricostruire le vicende di suo padre e poi per il presente volume, che rappresenta anche il suo secondo libro pubblicato per Soldiershop come autore. Giovanni inoltre, ha scritto diversi articoli per le riviste "Fronti di Guerra" e "Storia & Battaglie".

PUBLISHING'S NOTES

None of unpublished images or text of our book may be reproduced in any format without the expressed written permission of Luca Cristini Editore (already Soldiershop.com) when not indicate as marked with license creative commons 3.0 or 4.0. Luca Cristini Editore has made every reasonable effort to locate, contact and acknowledge rights holders and to correctly apply terms and conditions to Content.

Every effort has been made to trace the copyright of all the photographs. If there are unintentional omissions, please contact the publisher in writing at: info@soldiershop.com, who will correct all subsequent editions.

Our trademark: Luca Cristini Editore©, and the names of our series & brand: Soldiershop, Witness to war, Museum book, Bookmoon, Soldiers&Weapons, Battlefield, War in colour, Historical Biographies, Darwin's view, Fabula, Altrastoria, Italia Storica Ebook, Witness To History, Soldiers, Weapons & Uniforms, Storia etc. are herein © by Luca Cristini Editore.

LICENSES COMMONS

This book may utilize part of material marked with license creative commons 3.0 or 4.0 (CC BY 4.0), (CC BY-ND 4.0), (CC BY-SA 4.0) or (CC0 1.0). We give appropriate attribution credit and indicate if change were made in the acknowledgments field. Our WTW books series utilize only fonts licensed under the SIL Open Font License or other free use license.

For a complete list of Soldiershop titles please contact Luca Cristini Editore on our website: www.soldiershop.com or www.cristinieditore.com. E-mail: info@soldiershop.com

In copertina, rappresentazione grafica della Medaglia di Bronzo al Valor Militare (MBVM) concessa durante il Regno d'Italia. Sopra, il nastrino corrispondente era di colore azzurro con una stella di bronzo al centro

Titolo: **STORIA DEL BARONE AZZURRO** Code.: **WTW-052 IT** Di Giovanni Maressi
ISBN code: 979125589-0515 prima edizione Dicembre 2023
Lingua: Italiano dimensione: 177,8x254mm Cover & Art Design: Luca S. Cristini

WITNESS TO WAR (SOLDIERSHOP) is a trademark of Luca Cristini Editore, via Orio, 35/4 - 24050 Zanica (BG) ITALY.

WITNESS TO WAR

STORIA DEL BARONE AZZURRO
LA BATTAGLIA DI MEZZO AGOSTO E LA TRAVERSATA DOPO L'8 SETTEMBRE

PHOTOS & IMAGES FROM WORLD WARTIME ARCHIVES

GIOVANNI MARESSI

BOOKS TO COLLECT

INDICE

Introduzione .... Pag. 5

Storia del Barone Azzurro .... Pag. 9

Equipaggi velivoli attaccanti del 12 agosto 1942 .... Pag. 56

Caduti Regia Aeronautica nella Battaglia di mezzo agosto .... Pag. 57

Segue album fotografico .... Pag. 58

Bibliografia .... pag. 95

▲ Un S. 79S (versione destinata al siluramento) ritratto sulla copertina del supplemento a "Le vie dell'aria" dal titolo *Aerei italiani contro navi inglesi*, (foto g.c. Collezione Bruno Fochesato, op. cit. in bibliografia).

INTRODUZIONE
Mio zio, Carlo Winspeare
di Edoardo Winspeare

Chi era Carlo Winspeare? Perché scrivere della sua vita? Come nipote, figlio di suo fratello Riccardo, non sarei persona più adatta per rispondere in modo esauriente e distaccato, tuttavia credo che l'essere cresciuto nella stessa famiglia dello zio "buono e folle", in cui il mito della sua originalità era continuamente alimentato per via delle sue imprese, possa contribuire a restituire un'idea del personaggio, sebbene parziale.
Il piccolo dei fratelli Winspeare era gentile e d'animo buono, aveva un'indole sognatrice ed era dotato di grande talento matematico, ma allo stesso tempo attraversava momenti di follia. I parenti lo chiamavano "l'originale", ciononondimeno scommettevano sulla sua precoce intelligenza, sperando per lui in una brillante carriera scientifica. Per il resto della vita, invece, rimase un eccentrico idealista, un emulo di San Francesco che, con candore fanciullesco, sperava che la Terra ritornasse ad essere un Eden di pace e amore. Predicava la bontà e praticava la carità, in ogni occasione e con zelo missionario. Con tutto ciò le sue scelte radicali, anche se fatte a fin di bene, travolsero le vite delle persone che gli erano vicine, nel bene e nel male. In ogni caso, io da piccolo lo adoravo, perché era rimasto anche lui bambino, e ogni cosa veniva da lui trasformata in un'avventura. La morte del padre fu un terribile colpo per l'appena adolescente Carletto, come veniva chiamato da tutti. Egli era il beniamino del contrammiraglio Edoardo Winspeare, sia per il naturale senso di protezione di un genitore verso il più piccolo dei figli rimasto, già orfano di madre dall'età di due anni, sia anche per il comune interesse per la scienza e la curiosità per ogni nuova invenzione. Lo zio Carlo è stato fin da bambino un uomo degli estremi. Era capace di costruire una radiotrasmittente o un televisore con le sue mani, ma sentiva il bisogno di andare a messa ogni giorno; a differenza di suo fratello Riccardo, che era un cattolico molto laico, influenzato dal protestantesimo della famiglia danese-americana della madre e attraversato da momenti di dubbi agnostici. In zio Carlo convivevano un'indole positivista (prese due lauree, in Scienze biologiche e in Matematica, dove fu allievo, fra l'altro, di Renato Caccioppoli che ammirava oltre modo per la sua intelligenza e carisma), e un animo mistico. Aveva partecipato alla costruzione di opere grandiose come il centro trasmittente di Monte Vergine, aveva pubblicato articoli scientifici e tradotto testi dello stesso argomento dall'inglese, e allo stesso tempo venerava donne in odore di santità che si nutrivano unicamente dell'ostia consacrata. Era inoltre un fervente devoto di Padre Pio, da cui qualche volta ricevette qualche schiaffo in occasione delle loro tormentate confessioni. Ma non finisce qui. Fra le sue tante stravaganze c'era il nudismo, che zio Carlo praticava in spiaggia fin dagli anni Trenta. Immaginate un po' lo scandalo fra i bagnanti di quell'epoca nell'Italia del sud. Papà mi raccontava che in Sicilia doveva rincorrerlo lungo tutto l'arenile di Mazzarò, con l'asciugamano e il suo costume in mano, per convincerlo a coprirsi. Durante la guerra ha combattuto come tenente pilota nella squadriglia di aerosiluranti del comandante Buscaglia. È stato uno scavezzacollo, decorato con due medaglie di bronzo al valor militare. La prima decorazione l'ha ottenuta per aver partecipato all'affondamento di una nave inglese nel Mediterraneo. Il caso ha voluto che, quarant'anni anni dopo, io abbia avuto come professore di matematica al liceo il

suo marconista. Quando il primo giorno di scuola, il professor Mici – così si chiamava –, scorrendo con la testa china sul registro l'elenco degli studenti, ha letto il mio cognome, ha alzato lo sguardo e, serio, mi ha chiesto se fossi imparentato con il comandante Carlo Winspeare. Quando ha avuto la conferma che ero suo nipote, mi ha promesso di farmi passare anni d'inferno. Mi disse che lo zio era un folle che sganciava il siluro solo quando l'aerosilurante era vicinissimo alla nave nemica, ignorando le urla terrorizzate dei componenti dell'equipaggio che lo supplicavano di riprendere quota per sfuggire al cannoneggiamento ravvicinato della contraerea. Nella mia ingenuità di adolescente ho veramente pensato che, a distanza di quasi mezzo secolo, il professore volesse farmi pagare gli spericolati azzardi dello zio. Per fortuna stava scherzando, e al contrario, mi ha sempre promosso "per meriti di guerra", nonostante fossi un disastro in matematica, tale era la stima e l'affetto verso il suo comandante pilota. Credo altresì che in seguito, dopo un primo periodo di entusiasmo guerresco, lo zio avesse subito un fortissimo shock; non so se in una precisa occasione o per aver aperto gli occhi sul vero volto della guerra. Sta di fatto che, da un certo momento in poi, decise che non avrebbe mai più ucciso un essere umano. Per essere fedele a questo voto, quando era in missione sul Mediterraneo, sganciava i siluri in mare prima di arrivare all'obbiettivo nemico. È una bella storia, sebbene incredibile. Vera, falsa o esagerata che fosse, questo è quello che voleva che noi sapessimo della sua esperienza in combattimento. Immagino che affrontare ogni giorno la morte lo avesse fatto entrare in una crisi profonda che deve averlo perseguitato fino alla fine della vita. Chissà se le sue azioni eccessive non fossero un modo per esorcizzare la morte. Per molti anni dopo la guerra, ha sfidato la sorte pilotando piccoli aeroplani da turismo con il serbatoio per metà vuoto, per la scommessa di atterrare a motori spenti, una volta esaurito il carburante. La percezione dei fatti vissuti da zio Carlo passava da una lucida analisi della realtà oggettiva a una distorsione allucinata degli avvenimenti, e il confine fra i due modi di vedere non era mai definito. So con certezza che si rifiutò di sganciare le bombe su La Valletta – che, non a caso, era la città dove era nato – e forse proprio questo è stato l'episodio scatenante per la sua conversione al pacifismo. All'armistizio dell'8 settembre, da fedele monarchico, ha deciso di continuare a servire Re Vittorio Emanuele III, che intanto era riparato al Sud liberato dagli angloamericani. In quei giorni zio Carlo si nascondeva nel nord d'Italia occupato dai tedeschi, con il rischio, se scoperto, di venire deportato in Germania. Per raggiungere il sud rubò una motovedetta tedesca in un porto delle Marche. Per quest'impresa fu decorato con una seconda medaglia di bronzo.

Zio Carlo continuò la guerra in missioni di intelligence con la *A-Force* britannica oltre la Linea Gustav. Nel diario della contessa Andreola Vinci si racconta del gentile e poetico Carlo Winspeare, con un viso di ragazzino non ancora maggiorenne e con la testa così fra le nuvole – almeno in apparenza – che difficilmente avrebbe attirato i sospetti dei nazifascisti. C'è un episodio nel libro *"Il gruppo Buscaglia"*, scritto dal suo commilitone medaglia d'oro al valor militare Martino Aichner, che sintetizza bene l'animo romantico e spirituale di zio Carlo. Un aereo da caccia britannico Hurricane era stato abbattuto dalla contraerea italiana sul campo di aviazione degli aerosiluranti in Sicilia. Il tenente Winspeare, che conosceva perfettamente l'inglese, era stato inviato dal comandante Buscaglia per controllare i documenti del pilota nemico. Non ricevendo notizie dal nostro per lungo tempo, il comandante ordinò allo stesso Aichner di andare a controllare cosa stesse succedendo. Quando il compagno pilota raggiunse lo zio Carlo di fronte alla carcassa dello Hurricane, lo trovò assorto in preghiera. Solo a quel punto lo zio s'interruppe, gli tradusse il tesserino di riconoscimento del giovane inglese morto e glielo consegnò avvolto in un foglio dove aveva scritto questi versi di Thomas Gray: *"Here rests his head upon the lap of Earth / A youth to Fortune and to Fame unknown"* ("Qui giace nel grembo della nuda terra / Un giovane sconosciuto alla gloria e alla fortuna terrena"). Finita la guerra, durante la campagna per il referendum del 1946 zio Carlo si impegnò a favore della monarchia con ardore a volte eccessivo. Finì anche in carcere a seguito di alcuni scontri con dei sostenitori della repubblica. Quando però incontrava un povero si toglieva il cappotto e glielo regalava, oppure tirava fuori tutti i soldi che aveva e li distribuiva a chi ne aveva bisogno (o a chi ne approfittava). Se suo fratello Riccardo organizzava una festa a Villa Salve con i migliori nomi di Napoli, zio Carlo andava nei quartieri popolari, alla Sanità, al Pallonetto o a Forcella, invitando personaggi che probabilmente non erano mai saliti al Vomero o a Posillipo. Nel 1945 aveva sposato Maria Vittoria Colonna di Stigliano, un angelo di donna, elegante e distinta, che aveva accettato di diventare sua moglie pur sapendo che egli era sterile, per una malattia venerea contratta durante la guerra. Zia Vittoria, più che una consorte, per lo zio è stata la madre che non ha mai conosciuto. E lei lo ha amato teneramente come si ama un figlio scapestrato, di cui si ammira la genialità e gli si perdona ogni mattana, anche quando ne combinava di grosse, come quando la lasciò per una "santa donna" messicana. In quell'occasione, la zia, che non aveva mai preso un aereo, volò in Messico per riprendersi il marito innamorato della mistica maya. Ma il suo capolavoro di radicalità è stato quello di aver abbandonato sua moglie per vivere ed assistere una donna che aveva nell'Eucarestia il suo unico nutrimento, naturalmente dopo aver donato, a imitazione del Santo di Assisi, tutto quello che aveva. Il problema era che la proprietà dei fratelli Winspeare era ancora indivisa, cosa che comportò anni di avvocati e processi per stabilire la divisione con papà, e una quota di sopravvivenza per sua moglie. Come se non bastasse, la povera zia Vittoria, dopo essere stata lasciata da zio Carlo dall'oggi al domani, per vent'anni si vide rifiutare il divorzio perché andava contro la morale cristiana di suo marito. Devo dire che da parte di papà non ho mai percepito animosità verso suo fratello, solo tristezza e sicuramente del rammarico per come aveva liquidato una così bella proprietà. Zia Vittoria invece, che non vedeva sua marito dal 1977 – da quando si era trasferito a Cavriago vicino a Reggio Emilia –, fino ai suoi ultimi giorni nel 2011 provò sempre un enorme affetto per il suo Carlo. Alcuni aneddoti tragicomici della sua vita, che qualunque moglie avrebbe ricordato con rabbia, venivano raccontati da zia Vittoria con divertita indulgenza, *"sai, era fatto così…"* Una volta, subito dopo la guerra, durante un viaggio in Lambretta da Napoli a Messina, dopo una sosta per fare benzina, zio Carlo era ripartito dimenticandosi sua moglie nella stazione di servizio, e continuando a non accorgersi di niente fino in Sicilia. Dopo un bel pò, finalmente zia Vittoria riuscì a parlargli telefonando a casa loro a Messina, ma zio Carlo nel frattempo si era scordato tutto, anzi era talmente preoccupato di non averla trovata che le aveva detto: *"Ma dove sei finita tutto questo tempo?!"* Zia Vittoria riusciva sempre a giustificarlo. Quando molto anziana, ormai novantenne, sentiva i miei passi avvicinarsi alla sua stanza nella nostra casa a Depressa, dove alla fine si era trasferita da Napoli, chiedeva con voce rotta dall'ansia *"Sei tu Carlo?"*, tradendo in tal modo un desiderio di rivederlo. Insomma, lo zio Carlo è stato un uomo originale, pieno di contraddizioni e fondamentalmente buono. E così lo voglio ricordare.

▲ L'ammiraglio Edoardo Winspeare (02.02.1875-26.05.1931) girò il mondo al seguito di Luigi Amedeo di Savoia, l'avventuroso Duca degli Abruzzi, svolgeva la funzione di *attaché militaire*, come ufficiale della Regia Marina, presso la rappresentanza diplomatica del Regno d'Italia a Malta, quando nacque il figlio Carlo (foto g.c. Collezione Edoardo Winspeare).

STORIA DEL BARONE AZZURRO
La Battaglia di mezzo agosto e la traversata dopo l'8 settembre

A Maria Vittoria Colonna "Ba".

Carlo Luigi Amedeo Winspeare Guicciardi[1] figlio di Edoardo e di Clara Sarauw[2] nacque il 13 marzo 1917 a La Valletta (Malta) dove il padre, che aveva già girato il mondo al seguito di Luigi Amedeo di Savoia, l'avventuroso Duca degli Abruzzi, svolgeva la funzione di *attaché militaire*, come ufficiale della Regia Marina. Iscritto nelle liste di leva del Comune di Napoli (dove era domiciliato in Via S. Stefano 4 al Vomero Vecchio), apparteneva al Distretto Militare di Napoli quale soldato di leva rivedibile della classe 1917. Lasciato in congedo illimitato il 2 maggio 1938, doveva rispondere alla chiamata alle armi con la classe 1918. Chiamato alle armi il 29 marzo 1939, il "nostro" fu ammesso al ritardo del servizio militare per ragioni di studio, perché iscritto al 1° anno presso la Facoltà di Scienze Naturali della Regia Università degli Studi di Napoli "Federico II". Il 1° dicembre 1939 fu incorporato nella Regia Aeronautica, dopo essere stato depennato dai ruoli del Regio Esercito assumendo il numero di matricola 629578, in qualità di aviere allievo ufficiale pilota di complemento per compiere la ferma di leva, perché in possesso del brevetto di pilota civile di 1° grado (inizialmente, i possessori di brevetto civile erano chiamati alle armi con il grado di sottotenente *N.d.A.*), nel Centro di Leva e Reclutamento della 4ª Zona Aerea Territoriale (ZAT) di Benevento[3]. Fu quindi inviato in congedo illimitato provvisorio, in attesa di essere avviato ad una scuola di pilotaggio per il conseguimento del brevetto di pilota militare. Il 7 dicembre 1939 gli fu conferito il grado di primo aviere allievo ufficiale pilota con anzianità di grado dal 1° dicembre 1939 e decorrenza assegnata dalla data di rientro dal suddetto congedo. Il 5 febbraio 1940 fu richiamato dal congedo ed avviato alla Scuola di Pilotaggio di 1° periodo presso il Regio Aeroporto di Perugia Sant'Egidio. L'11 giugno 1940 fu mobilitato in territorio dichiarato in stato di guerra e zona di operazioni. Nominato pilota di aeroplano su apparecchio Ro. 41 a decorrere dal 5 settembre 1940, il 9 settembre 1940 venne trasferito alla Scuola di Pilotaggio di Aviano. Conseguì l'abilitazione al pilotaggio dell'apparecchio S. 81 "Pipistrello" il 29 dicembre 1940 (decorrenza dal 26 dicembre 1940) presso la Scuola della Regia Aeronautica di Aviano. Inoltre, fu abilitato al pilotaggio su apparecchio

---

1 Il cognome Winspeare significa (uomo *N.d.A.*) dalla lancia vincente essendo composto dalle parole "*win*" (trad. it. *vittoria*) e "*spear*" (trad. it. *lancia*). La casata, originaria di Glaisdale, Whitby nello Yorkshire, si divise in due rami nel XIX secolo, entrò a far parte dell'aristocrazia grazie al titolo di barone assegnato da Gioacchino Murat con D.R. del 17.12.1814. La famiglia ne ottenne il riconoscimento, da parte del governo italiano, con D.M. del 20.03.1917, riconfermato, con sovrana concessione *motu proprio*, il 17.08.1942. I Winspeare furono sanzionati durante la Seconda Guerra Mondiale per via del cognome di origine inglese e non ci volle poco a far capire alle Autorità che stavano commettendo un errore. Gli esponenti di uno dei due rami sono stati autorizzati, con R.D. del 14.01.1943, all'aggiunta del cognome Guicciardi: durante la guerra conveniva avere anche un cognome italiano accanto a quello "nemico" inglese.

2 Nobile siciliana di origine danese-americana (08.04.1883-05.02.1919).

3 Il Centro di Reclutamento e Mobilitazione per la 3ª ZAT fu trasferito il 25 luglio 1928 da Capua a Benevento presso la "Caserma Sannitica" che, l'anno successivo, sarà intitolata al generale Alessandro Guidoni, padre degli idrosiluranti. Al 1° luglio 1935, tale centro, risultava in funzione per la 4ª ZAT. Il campo di aviazione militare di Benevento in contrada Olivola (che dal 1940 rientrò nell'area della 4ª Squadra aerea) fu usato, durante la Seconda Guerra Mondiale, come officina di riparazione e collaudo del Savoia Marchetti S. 79 "Sparviero".

▲ Al centro, in piedi sulla panca, Carlo Winspeare da bambino stringe con la mano sinistra un campanello; il militare alla sua destra è suo cugino, il conte Francesco Cicogna Mozzoni "Pato", che fu tenente (si veda l'insegna di grado, due stellette, cucite ai polsi della giubba a collo aperto con mostrine nere, tipica degli Arditi) di complemento artiglieria da montagna nel periodo 1915 – 1918 (foto g.c. Collezione Edoardo Winspeare).

Ca. 313 dal 6 gennaio 1941, come da comunicazione del comando della 3ª Squadra Aerea (Roma). Nominato pilota militare su apparecchio trimotore multiruolo ad ala bassa S. 79 "Sparviero" (chiamato anche "gobbo maledetto" per la tipica gobba dietro l'abitacolo che ospitava le mitragliatrici Breda-SAFAT da 12,7 mm in caccia e dorsale più l'armiere *N.d.A.*) a decorrere dal 23 maggio 1941 (abilitazione conseguita il 29 marzo 1941 presso la Scuola della Regia Aeronautica di Aviano), fu trattenuto alle armi d'autorità, il 6 agosto 1941, per il completamento dell'istruzione. Il 25 luglio 1941 fu promosso sottotenente di complemento dell'Arma Aeronautica, ruolo naviganti, e destinato alla Scuola di Bombardamento ovvero al 2° Nucleo Addestramento Aerosiluranti[4] di Capodichino (NA) con decorrenza amministrativa dalla data di presentazione al corpo presso

▲ Lo stemma dei Winspeare Guicciardi (foto g.c. Collezione Collegio Araldico).

il quale giunse il 6 settembre 1941. Così, il direttore dei corsi presso la Scuola di Aviano, il maggiore pilota Mingardo Jagos, redasse il rapporto informativo datato 15 settembre 1941 su Carlo Winspeare al termine del ciclo di istruzione:

[…] Il Sottotenente A.A.r.n. Pilota di Complemento WINSPEARE Carlo ha prestato servizio presso questa scuola dal 13 Settembre 1940 al 5 Settembre 1941, in qualità di I° Aviere All. Uff. All. Pilota. Ha conseguito il brevetto militare e l'addestramento bellico alla specialità B.T. (Bombardamento Terrestre *N.d.A.*) su velivolo S. 81 e S. 79. Ha rivelato buone qualità di pilota con predisposizione speciale alla condotta dei plurimotori. Ha palesato passione, entusiasmo, e disciplina di volo. Non molti brillanti risultati ha riportato agli esami teorici ed alle esercitazioni pratiche. Di buona salute, non molto robusto, dà quasi l'impressione che debba essere ammalato, resiste invece molto bene ai disagi del volo e della vita militare. Di aspetto distinto, corporatura esile, si dedica agli sport in genere, sa nuotare. Di ottimi sentimenti morali, patriottici e fascisti, ha aperta volontà di apprendere. Di carattere piuttosto chiuso, poco vivace, non ama molto la compagnia. Non ha molta vocazione per la vita militare, non è eccessivamente zelante nello svolgimento degli incarichi affidatigli. Il suo

---

4 Il 1° Nucleo Addestramento Aerosiluranti fu costituito a Gorizia, mentre il 3° Nucleo Addestramento Aerosiluranti aveva sede a Pisa. […] L'addestramento riguardava esclusivamente lo specifico impiego: pendolamento sul mare, individuazione del bersaglio, studio della migliore rotta di avvicinamento, rotta di lancio, sgancio e fase di scampo. Il siluro doveva essere lanciato da quota inferiore ai 100 m, alla velocità di 300 km/h. Il tutto tra il fuoco violentissimo della contraerea, cui si aggiungevano spesso anche i grossi calibri sollevando alte colonne sull'acqua (le "fontane", dovute anche alle bombe sganciate da aerei amici, potevano arrivare sino a 100 m di altezza *N.d.A.*), un insidioso ostacolo in più (insieme ai "pettini" delle mitragliatrici delle navi che cercavano di intercettare e far esplodere i siluri *N.d.A.*). Tra la fine del 1940 e fine 1941 furono costituite sette squadriglie, numerate nell'ordine dalla 278ª alla 284ª. Poi i reparti toccarono la consistenza di quattro stormi e 12 gruppi, con permanenza variabile nella specialità (AA.VV., Nei Cieli di Guerra, La Regia Aeronautica a colori 1940-45, Milano, Giorgio Apostolo Editore, 1996).

ragionamento è equilibrato, di buona memoria, si esprime con chiarezza. Di cultura generale buona, sufficiente al grado che riveste. Elemento molto giovane non ancora ferrato, ha poca autorità di comando e scarsa ascendenza sugli inferiori. Coi superiori è rispettosissimo, buon camerata coi colleghi. Ha bisogno di studio per migliorare e perfezionare la sua cultura tecnico professionale. Disciplinarmente il suo comportamento non ha dato motivo a richiami degni di rilievo. Conosce sufficientemente i materiali, installazioni, e strumentazioni (di *N.d.A.*) bordo dei velivoli S. 81 e S. 79 (AUSAM, fondo Documentazione personale, Serie libretti personali, Libretto personale del pilota Winspeare Carlo).

Gli fu corrisposta, dall'Ufficio Amministrativo del Regio Aeroporto di Aviano (N. 241, PM 3200), la metà dell'indennità di entrata in campagna di L. 2.000 lorde (L. 908 nette) il 27 settembre 1941. Il 23 febbraio 1942 prestò giuramento di fedeltà a Capodichino. Si laureò[5] in Scienze Naturali il 26 febbraio 1942 presso la Regia Università di Napoli. Partecipò ad operazioni di guerra sul fronte del Mediterraneo dal 25 aprile 1942 al 10 dicembre 1942 e dal 19 gennaio 1943 al 14 luglio 1943 per cui ebbe diritto al computo di due campagne (1942-1943) di guerra. Il 29 aprile 1942 era alla 281ª Squadriglia del 132° Gruppo Autonomo Aerosiluranti[6] (la dicitura 281ª Squadriglia appare cancellata nello stato di servizio *N.d.A.*). Dal 7 giugno 1942 al 22 giugno 1942 fu in licenza premio di 15 giorni, concessa dal Comando dell'Aeronautica della Sicilia. Il 27 giugno 1942 gli fu corrisposta, dall'Ufficio Amministrativo del Regio Aeroporto di Gerbini[7] (CT) la somma lorda di L. 2.304 quale importo di giorni 30 di licenza non usufruiti nell'anno (dall'11.06.1941 al 10.06.1942). Il nipote di Carlo Winspeare, il noto regista Edoardo, ci riporta un episodio (che risale a questo periodo *N.d.A.*):

[...] Nel libro "Il Gruppo Buscaglia", scritto dal suo commilitone, Medaglia d'Oro al Valor Militare Martino Aichner[8], che sintetizza bene l'animo romantico e spirituale di zio Carlo. Un aereo da caccia britannico Hurricane era stato abbattuto dalla contraerea italiana sul campo di aviazione degli aerosiluranti in Sicilia. Il

---

5 Conseguì anche una seconda laurea in matematica e fu allievo del professor Renato Cacciopolli (1904-1959), grande matematico napoletano, che ammirava per la sua intelligenza e il suo carisma. Nel 1931 Cacciopoli vinse la cattedra di Analisi algebrica all'Università di Padova. Nel 1934 ritornò a Napoli per coprire la cattedra di Teoria dei gruppi, poi passò alla cattedra di Analisi superiore e, dal 1943, a quella di Analisi matematica. Nel 1947 divenne socio dell'Accademia dei Lincei e, nel 1953, la stessa Accademia gli assegnò il Premio Nazionale di Scienze Fisiche, Matematiche e Naturali. I suoi studi più importanti, su circa ottanta pubblicazioni, riguardano l'analisi funzionale e il calcolo delle variazioni. Le delusioni in politica (nel dopoguerra si avvicinò al Partito Comunista Italiano), l'affievolirsi della vena matematica e l'abbandono della moglie lo portarono all'alcoolismo. L'8 maggio 1959 si tolse la vita, con un colpo di pistola nella sua casa presso il Palazzo Cellammare.
6 La 281ª Squadriglia Autonoma Aerosiluranti nacque a Grottaglie (TA) sotto il comando del cap. Carlo Emanuele Buscaglia il 5 marzo 1941 e venne trasferita a Gadurrà sull'isola di Rodi. Il 1° aprile del 1942, la 281ª Squadriglia, insieme alla 278ª Squadriglia, costituirono il 132° Gruppo Autonomo Aerosiluranti (come da ordine del Comando della 3ª Squadra Aerea, foglio n. 031491/S del 31.03.1942), con base a Littoria (oggi Latina *N.d.A.*), al comando di Buscaglia che, successivamente, fu promosso maggiore. La 281ª Squadriglia, con sede sull'Aeroporto di Littoria, passò quindi al comando del cap. Giulio Cesare Graziani, nipote del maresciallo d'Italia Rodolfo. Invece, la sede della 278ª Squadriglia era sull'Aeroporto di Castelvetrano (TP). In seguito, la 281ª Squadriglia fu trasferita in Sicilia, presso l'Aeroporto di Fontanarossa (CT). Al 01.04.1942, il personale navigante consisteva in: 21 piloti (11 ufficiali e 10 sottufficiali); 46 specialisti (16 motoristi, 9 montatori, 8 marconisti, 11 armieri e 2 fotografi). Il "nostro" arrivò il 29.04.1942 alla 281ª Squadriglia, quando mancavano soli 2 giorni alla costituzione del 132° Gruppo e ciò spiega la cancellatura.
7 Nel 1942, presso l'Aeroporto N. 505 di Gerbini Sud (PM 3500), nella piana di Catania alle falde dell'Etna, era basato il nucleo comando del 132° Gruppo Autonomo Aerosiluranti. Appartenevano alla base di Gerbini anche i campi satellite di San Salvatore (Scordia), Finocchiara, Sigonella e Spina Santa. Durante l'invasione degli Alleati, dal luglio 1943, la base fu occupata dalle truppe anglo-americane che ne sfruttarono le piste per l'avanzata verso il continente.
8 Questa è la dedica che Martino Aichner scrisse sulla copia del suo libro donata a Carlo Winspeare:
All'amico Carlo Winspeare col sentimento più profondo per l'amicizia antica nata nella scuola di volo. Affettuosamente, Martino Febbraio 1981

▲ Hangar e aerei distrutti presso l'aeroporto militare di Benevento usato, durante la Seconda Guerra Mondiale, come officina di riparazione e collaudo del Savoia-Marchetti S. 79 "Sparviero" (foto tratta da https://catalog.archives.gov/).

tenente Winspeare, che conosceva perfettamente l'inglese, era stato inviato dal comandante Buscaglia[9] per controllare i documenti del pilota nemico. Non ricevendo notizie dal nostro per lungo tempo, il comandante ordinò allo stesso Aichner di andare a controllare cosa stesse succedendo. Quando il compagno pilota raggiunse lo zio Carlo di fronte alla carcassa dello Hurricane, lo trovò assorto in preghiera. Solo a quel punto lo zio s'interruppe, gli tradusse il tesserino di riconoscimento del giovane inglese morto (era il *sergeant* Webster[10], probabilmente, abbattuto dalla contraerea aeroportuale *N.d.A.*) e glielo consegnò avvolto in un foglio

---

9 Carlo Emanuele Buscaglia nacque il 22 settembre 1915 a Novara, fu uno dei più famosi aviatori italiani della Seconda Guerra Mondiale. Creduto morto nella rada di Bougie dopo un'azione di siluramento, fu decorato della Medaglia d'Oro al Valor Militare. Il comando del 132° Gruppo, che il 14.11.1942 (5113/C Stataereo Catania) assunse il nome "Gruppo Carlo Emanuele Buscaglia", passò a Graziani per poi essere affidato al maggiore Gabriele Casini. Il 23 agosto 1944 Buscaglia tentò di decollare, senza autorizzazione, con un bombardiere *Baltimore* da Campo Vesuvio. L'aereo però si alzò da terra troppo presto, imbardò toccando la pista con l'ala sinistra e si incendiò. Buscaglia, ustionato e ferito, riuscì ad allontanarsi dall'apparecchio, venne soccorso e ricoverato presso l'ospedale militare britannico di Napoli, ma, sfortunatamente, morì il giorno seguente.

10 Secondo il Commonwealth War Graves Commission (CWGC), nell'arco temporale dal 01.04.1942 al 31.08.1942, il *Sgt* Frank Webster Tregear (RAAF 402893) morì il 24.04.1942 mentre stava mitragliando una colonna di trasporto motorizzata nemica. Dopo l'attacco, passando sull'obiettivo, un camion esplose e l'aereo fu visto schiantarsi in fiamme. In seguito a ricerche e indagini del dopoguerra non fu trovata alcuna traccia dell'aereo o del pilota scomparso. Il suo nome è ricordato sulla colonna 266 presso l'Alamein Memorial, in Egitto. Invece, il *Sgt* (*observer*) William White Webster (RAF VR 1100851) morì il 13.06.1942, al termine di un test aereo. Il pilota dell'aereo sul quale si trovava, decise apparentemente di "picchiare" verso l'aerodromo, ma andò in stallo verticalmente. L'aereo si schiantò sul tetto di un'auto che stava guidando il *Wt Off* F K G Relton del 601 Sqdn il quale restò ucciso insieme al pilota J P Doncaster e al suo osservatore. Il suo nome è commemorato al Malta (Capuccini) Naval Cemetery. Nel primo caso, il nome, il grado, la data dell'incidente e l'aereo

▲ Aeroporto di S. Egidio (PG) luglio/dicembre 1941, giuramento allievi sergenti n° 900 "Battaglione Universitario" (foto g.c. Collezione Giancarlo Faltoni).

dove aveva scritto questi versi (tratti da Elegy Written in a Country Churchyard *N.d.A.*) di Thomas Gray: "Here rests his head upon the lap of Earth / A youth to Fortune and to Fame unknown" (trad. it. *"Qui giace nel grembo della nuda terra / Un giovane sconosciuto alla gloria e alla fortuna terrena"*) (Winspeare, Edoardo, Estratto su zio Carlo).

Ora vediamo perché il 132° Gruppo fu dislocato in Sicilia. Già all'inizio del 1942 il primo ministro del Regno Unito constatò che:

[…] Al momento il Mediterraneo ci è precluso e tutte le nostre navi da trasporto sono costrette a circumnavigare il Capo di Buona Speranza, il che consente a queste ultime di completare solo tre viaggi nel corso dell'anno. Tutte le nostre navi, i nostri aeroplani, i nostri carri armati, nonché tutti i nostri cannoni anticarro e contraerei, sono al momento in azione. Tutto ciò che abbiamo è stato schierato contro il nemico, oppure a protezione dal possibile attacco da parte di quest'ultimo (Messaggio del primo ministro Winston Churchill sullo stato del conflitto, trasmesso alla radio il 15 febbraio 1942).

Fallite le operazioni *Harpoon* (da Gibilterra) e *Vigorous* (da Alessandria d'Egitto), due convogli simultanei inviati per rifornire Malta, dalle quali ebbe luogo alla Battaglia di Pantelleria o di mezzo giugno, per due mesi, mancando la possibilità di attaccare le navi inglesi che non solcavano il Mediterraneo Centrale, il Comando dell'Aeronautica della Sicilia impiegò il 132° Gruppo per la protezione dei convogli che dall'Italia rifornivano il fronte dell'Africa Settentrionale. Erano i tempi della conquista di Tobruch e dell'avanzata fino ad El Alamein. Intanto, la *Royal Navy* riunì una nuova poderosa flotta per contrastare il blocco navale dell'Asse della roccaforte di Malta. Il 10 agosto 1942 attraversò lo Stretto di Gibil-

---

(*Kittyhawk II*, numero di serie: AK 966) corrispondono alla descrizione di Aichner, ma non il reparto di appartenenza (260 Sqdn Middle East) e il luogo dello schianto (Cirenaica, Libia). Nel secondo caso, il cognome, il grado, il reparto (235 Sqdn) e la data dell'incidente potrebbero corrispondere alla descrizione di Aichner, ma non l'aereo (*Beaufighter*, numero di serie: T5006/P) e il luogo dell'incidente (Hal Far, Malta).

▲ Carlo Winspeare fu nominato pilota di aeroplano su aereo da caccia e da addestramento IMAM Ro. 41 a decorrere dal 9 settembre 1940 (foto Fortepan, tratta da https://commons.wikimedia.org/).

▼ Carlo Winspeare fotografato accanto ad un apparecchio FIAT B.R.20 "Cicogna" (si noti il disegno sulla fusoliera di Paperino, personaggio di Walt Disney, che irritato si alza la manica, simbolo della 1ª Squadriglia Bombardamento Terrestre). Dalle montagne sullo sfondo sembra che il luogo dello scatto sia il campo d'aviazione di Aviano (foto g.c. Collezione Edoardo Winspeare).

▲ Edificio della caserma, presso l'aeroporto di Aviano (PN), danneggiato dalle bombe (foto tratta da https://catalog.archives.gov/).

▼ Carlo Winspeare conseguì l'abilitazione al pilotaggio del bombardiere Savoia-Marchetti S. 81 "Pipistrello" il 29 dicembre 1940 (foto Charles Daniel's Collection Italian Aircraft Album, tratta da https://flickr.com/).

▲ Carlo Winspeare fu abilitato al pilotaggio su aereo da ricognizione e bombardiere leggero Caproni 313 dal 6 gennaio 1941 (foto tratta da *Catalogo Nomenclatore per Aeroplano Caproni 313 da Ricognizione e medio Bombardamento*, op. cit. in bibliografia).

▼ SIAI Savoia-Marchetti tipo S. 79 "Sparviero" esposto presso il Museo Storico dell'Aeronautica Militare di Vigna di Valle (RM), sono ben visibili le coccarde alari costituite da tre fasci littori stilizzati iscritti in un cerchio e il siluro in basso. L'apparecchio fu prodotto in circa 1.200 esemplari nelle versioni militari di bombardiere e aerosilurante con MM. compresa tra 21051 e 25395. Il sottotenente Winspeare fu nominato pilota militare su tale apparecchio a decorrere dal 23 maggio 1941 (foto Maurizio Barber via G. Maressi).

terra un'imponente squadra navale (che fu avvistata da una nave mercantile spagnola sulla rotta opposta e da un aereo civile diretto in Algeria), movimento che non sfuggì agli agenti italo-tedeschi presenti in Spagna, comandata dal *vice-admiral* Edward Neville Syfret. Essa era suddivisa nelle Forze: F (Forza nel suo insieme), Z (Forza F meno Forza X), X (scorta, comandata dal *RAdm* Harold Martin Burrough del 10° Squadrone Incrociatori), Y (convoglio e scorta con insegne italiane da Malta a Gibilterra, chiamata operazione *Ascendant*) ed R (flotta composta da 2 petroliere, 4 corvette di scorta e 1 rimorchiatore). E formata da 4 portaerei, la *HMS Eagle* (*Capt* Lachlan Donald Mackintosh), la *HMS Furious* (*Capt* Tom Oliver Bulteel), la *HMS Victorious* (*Capt* Henry Cecil Bovell, nave di bandiera del comandante delle portaerei, *RAdm* Arthur Lumley St. George Lyster, Quinto Lord del Mare) e la *HMS Indomitable* (*Capt* Thomas Hope Troubridge), sulle quali erano imbarcati 138 velivoli (46 *Sea Hurricane*, 10 *Martlet*, 16 *Fulmar*, 38 *Spitfire* e 28 *Albacore*); 2 corazzate, la *HMS Nelson* (*Capt* Humphrey Benson Jacomb, nave di bandiera del *VAdm* Edward Neville Syfret) e la *HMS Rodney* (*Capt* James William Rivett-Carnac), 7 incrociatori (*HMS Nigeria, HMS Kenya, HMS Manchester, HMS Phoebe, HMS Charybdis, HMS Sirius, HMS Cairo*), 32 cacciatorpediniere (*Capt* Reginald Maurice James Hutton della 19ª Flottiglia Cacciatorpediniere e *Acting Capt* Richard George Onslow della 6ª Flottiglia Cacciatorpediniere), 8 sommergibili e altro naviglio minore che dovevano proteggere il convoglio *W.S.21S.*[11], salpato da Clyde il 3 agosto. Questo constava di 13 navi mercantili [*MV Empire Hope, SS Dorset, MV Wairangi, SS Rochester Castle, MV Waimarama, MV Brisbane Star, SS Port Chalmers, SS Almeria Lykes (US), SS Santa Elisa (US), SS Clan Ferguson, MV Glenorchy, MV Melbourne Star, SS Deucalion*] e 1 petroliera (*SS Ohio* della Texas Company) carichi di vettovaglie, carburante, e materiale bellico. Normalmente, i convogli W.S. erano quelli dal Regno Unito a Suez via Capo di Buona Speranza, ma questa era l'operazione *Pedestal* (trad. it. *Piedistallo*) conosciuta a Malta come *Il-Konvoj ta' Santa Marija* perché l'arrivo era previsto per sabato 15 agosto in occasione della festività dell'Assunzione di Maria o,

▲ Ritratto fotografico del sottotenente pilota della Regia Aeronautica Carlo Winspeare, si notino il distintivo di pilota (un'aquila, poggiata su un fascio littorio, con lo sguardo rivolto a destra sormontata dalla corona della Real Casa di Savoia) al di sopra della riga dei nastrini e la coppia di travette da ufficiale inferiore del ruolo naviganti sulle rispettive spalle dell'uniforme (foto g.c. Collezione Edoardo Winspeare).

11 I convogli W.S., di norma, erano quelli diretti dal Regno Unito a Suez circumnavigando il Capo di Buona Speranza, dal momento che il Mediterraneo era precluso alle navi inglesi.

▲ La firma del sottotenente della Regia Aeronautica Carlo Winspeare (foto autore).

semplicemente, *The Malta Convoy* per gli inglesi. Inizialmente si pensò di far decollare da Gibilterra i 38 *Spitfire* da consegnare a Malta (operazione *Bellows*) dei quali 36 arrivarono a destinazione:

> [...] Sir Dudley Pound (Ammiraglio della Flotta e Primo Lord del Mare N.d.A.) ha dichiarato che non sarebbe stato necessario organizzare altri elementi per il volo del prossimo squadrone di Spitfire verso Malta. Sir Charles Portal (Maresciallo dell'Aria e Capo di stato maggiore della RAF N.d.A.) ha dichiarato che si potrebbe provare a far partire i velivoli direttamente da Gibilterra, a patto di avere il vento a favore e di accettare il rischio di atterraggi di fortuna in Tunisia. Ha poi indicato che avrebbe esaminato la questione e si sarebbe messo in contatto con il Primo Lord dell'Ammiragliato (Albert Victor Alexander N.d.A.) quella stessa sera... (National Archives Kew, War Cabinet. Chiefs Of Staff Committee. Minutes of Meeting held on Tuesday, 11st August, 1942, at 5.45 p.m.).

Poi fu deciso che gli aerei sarebbero stati imbarcati sulla *HMS Furious*, la quale avrebbe invertito la rotta all'altezza di Algeri, una volta decollati questi. L'azione combinata della Regia Aeronautica e della *Luftwaffe* si rivelò micidiale per l'enorme convoglio. Supermarina, essendo a corto di carburante, non schierò le dispendiose corazzate ma impiegò gli incrociatori Bolzano (C.V. Mario Mezzadra), Gorizia (C.V. Paolo Melodia, nave di bandiera dell'amm. Angelo Parona), Trieste (C.V. Umberto Rouselle) della 3ª Divisione Navale proveniente da Messina; Muzio Attendolo (C.V. Mario Schiavuta), Eugenio di Savoia (C.V. Franco Zannoni, nave di bandiera dell'amm. Alberto Da Zara) e Raimondo Montecuccoli (C.V. Arturo Solari) della 7ª Divisione Navale proveniente da Cagliari (tranne l'Attendolo uscito da Napoli), 6 motosiluranti (MS), 13 Mas e 18 sommergibili, queste divisioni navali erano ai comandi degli ammiragli Angelo Parona e Alberto Da Zara rispettivamente. La *Kriegsmarine* schierò 2 sommergibili (*U-Boot*) e 4 motosiluranti (*S-Boot*). Grande affidamento venne fatto sui campi minati nelle acque presso il Canale di Sicilia, come lo sbarramento temporaneo "S.t. 1", posato dal cacciatorpediniere Lanzerotto Malocello, il 10 agosto 1942. Alla vigilia della battaglia Superaereo disponeva, in Sardegna e in Sicilia, di 328 aerei, mentre la *Luftwaffe* poteva contare su 456 aerei. La *Royal Air Force* (RAF), invece, schierava 141 aerei (aumentati a 186 il 14 agosto). A differenza di giugno, fu deciso di inviare da Porto Said, nel Mediterraneo Orientale, un "convoglio di Malta diversivo" nominato *M.W.12* (operazione *M.G. 3*) che avrebbe incontrato un altro convoglio similare proveniente da Haifa, in modo da dividere le forze aeronavali italo-tedesche. Gli inglesi non si sarebbero fatti trovare impreparati:

> [...] Sir Charles Portal ha fatto riferimento ai segnali che erano stati scambiati tra il V.A. (vice ammiraglio) a Malta e l'Ammiragliato sulla possibile interferenza da parte del nemico con l'Operazione "PEDESTAL" e ha distribuito di sua mano a tutti delle copie di una bozza di un telegramma relativo al supporto da parte di bombardieri pesanti e aerosiluranti per questa Operazione. (National Archives Kew, War Cabinet. Chiefs Of Staff Committee. Minutes of Meeting held on Friday, 31st July, 1942, at 10.30 a.m.).

L'11 agosto 1942 il convoglio fu avvistato alle 04.38 dal sommergibile italiano Uarscieck (T.V. Gaetano Arezzo della Targia), ma la notizia arrivò a Roma solo alle 10.25, e da uno Ju. 88 del 1. (F) *Aufklärungsgruppe* 122 partito da Elmas (CA). L'aereo fu danneggiato dai *Sea Hurricane* alzatisi dal ponte di volo della HMS *Indomitable* (che, reduce dall'operazione *Berserk*, un'esercitazione congiunta tra portaerei, fu scambiata per la statunitense USS *Wasp N.d.A.*), ma fece in tempo a comunicare con precisione le coordinate del nemico alle ore 08.15 (alle ore 10.10 secondo la documentazione italiana *N.d.A.*) rientrando con morti e feriti a bordo. Era appena iniziata la Battaglia di mezzo agosto. Il 132° Gruppo Autonomo Aerosiluranti stava ultimando i preparativi per entrare in azione: "Otto velivoli S. 79 della 278ª Squadriglia e sette della 281ª Squadriglia si trasferiscono (da Gerbini *N.d.A.*) con siluro sull'Aeroporto di Pantelleria (dotato di un grande hangar scavato nella roccia *N.d.A.*) e vi rimangono su allarme" (AUSAM, fondo Diari Storici Seconda Guerra Mondiale 1940-1945, Serie anno 1942, fascicolo 897, 132° Gruppo Aerosiluranti, 9-15 agosto 1942). E, "tre velivoli S. 79 della 278ª Squadriglia e tre della 281ª Squadriglia da Pantelleria rientrano a Gerbini per ritiro siluro e ritornano in giornata a Pantelleria" (op. cit.). Alle ore 13.15 fu colpita da 4 siluri lanciati dal sommergibile tedesco U-73, comandato dal non ancora trentenne *kapitänleutnant* Helmut Rosenbaum, la portaerei HMS *Eagle* (22.200 t)[12] che affondò in circa 8 minuti con tutti i 12 *Sea Hurricane* che in quel momento erano imbarcati, i restanti 4 che in quel frangente erano di pattuglia atterrarono successivamente sulle altre portaerei[13]. Al tramonto, dalle 20.10 alle 21.35 dell'11 agosto, 9 aerei *Beaufighter* del 248 *Squadron*, al comando del tenente colonnello Thomas Geoffrey Pike, provenienti da Malta e decollati dall'aeroporto di Luqa, causarono la morte di 2 militari ed il ferimento di altri 4, distrussero 5 apparecchi S. 79 e 1 Ca. 164 e ne danneggiarono altri 18 (di cui 14 S. 79, 2 S. 84 e 2 Re. 2001) parcheggiati nelle basi del cagliaritano (Elmas e Decimomannu); anche 3 Macchi C 202 e 3 Bf 109 tedeschi si dovrebbero aggiungere al computo dei velivoli danneggiati. Nella notte altri aerei, tra i quali 2 B-24 *Liberator* dal Medio Oriente che operavano da Malta, sorvolarono l'aeroporto di Villacidro e le basi già citate, ma l'azione fallì. Intanto la flotta britannica si allontanava dalla zona gestita dall'Aeronautica della Sardegna, ricadendo, da metà pomeriggio, nel raggio d'azione dei reparti dell'Arma Azzurra e della *Luftwaffe* di base in Sicilia. Il giorno seguente, mercoledì 12 agosto, "due velivoli S. 79 della 281ª Squadriglia si trasferiscono sull'Aeroporto di Pantelleria, rimandovi su allarme" (op. cit.). Da qui, alle ore 17.30 si alzarono in volo, con ottime condizioni di visibilità e meteorologiche, 14 S. 79 "Sparviero"[14] (7 velivoli della 278ª Squadriglia e 7 velivoli della 281ª Squadriglia) dei 16 in

---

12 Impostata sul Tyne nel 1913 come nave da battaglia (come nave di linea secondo il Marburger Zeitung del 12.08.1942) cilena Almirante Cochrane, fu acquisita dall'Ammiragliato durante la Grande Guerra e completata come portaerei nel 1924 e rimodernata nel 1932. Durante l'operazione *Pedestal*, la nave aveva un equipaggio di 1.160 uomini, di questi, dopo il siluramento, ne furono tratti in salvo 927 dai cacciatorpediniere HMS *Laforey* e HMS *Lookout* e dal rimorchiatore HM *Jaunty*.

13 Secondo altre fonti tutti i 16 *Sea Hurricane* imbarcati sulla HMS *Eagle* sarebbero affondati con la nave.

14 Gli aerei del 132° Gruppo Autonomo Aerosiluranti che alle ore 17.30 del 12.08.1942 si alzarono in volo, recavano i seguenti numeri di matricola militare (MM.): 23968, 24095 (siluro non sganciato per mancato funzionamento comando sgancio), 24301, 24225, 24224, 24226, 24079, 24307, 24221, 22573, 24172, 24309, 24132 (MM. corrispondente a FIAT B.R.20M, è probabile che il numero corretto sia 24312), 24313 (siluro non sganciato per mancato funzionamento comando sgancio). Tutti i velivoli elencati corrispondono al modello SIAI S. 79S (versione destinata al siluramento) tranne quello con MM. 22573 che corrisponde a S. 79 o S. 79 bis (S.M. 84). I velivoli che non sganciarono i siluri erano pilotati dai sottotenenti Martino Aichner e Vittorio Moretti. Di seguito, i numeri di MM dei siluri Whitehead (W) sganciati: 21300, 20272, 21284, 21247, 19286, 21269, 21268, 21272, 21280, 21265, 21266, 20261. Profondità regolata a 4 m. L'altro fornitore

programma che dovevano partecipare all'azione, comandati *ad interim* dal capitano Ugo Rivoli da Pola (Buscaglia, promosso maggiore, era in licenza premio nell'Italia continentale dove visitò caserme e scuole tra Roma, Milano e Novara) e 9 tuffatori Ju. 87 "Picchiatello" (trasferiti da Gela) del 102° Gruppo del capitano Antonio Cumbat. Di scorta c'erano 28 caccia Macchi C 202 "Folgore" del 51° Stormo Caccia Terrestre comandato dal tenente colonnello Aldo Remondino: 17 del 155° Gruppo del maggiore Duilio Fanali e 11 del 20° Gruppo del maggiore Gino Callieri. I tedeschi arrivarono da Trapani con 20 Ju. 87 *Stuka* del I. *Sturzkampfgeschwader* 3, comandati dall'*hauptmann* Martin Mussdorf, e scortati da 4 Bf 109 del II. *Jagdgeschwader* 53 "*Pik As*" (trad. it. *Asso di picche*) dall'*hauptmann* Gerhard Michalski di stanza a Pantelleria. Superato Capo Bon, a circa 18 miglia a nordovest dell'Isola dei Cani, i reparti aerei italo-tedeschi comparvero davanti al convoglio britannico, che navigava su 4 colonne, alle ore 18.36 e lo spettacolo che videro gli equipaggi era impressionante:

> [...] in una gran nuvola di fumo (è probabile che gli equipaggi delle navi abbiano utilizzato i fumogeni per ridurre la visibilità del convoglio *N.d.A.*) i piroscafi e le portaerei stavano al centro e le navi da guerra le circondavano con un doppio cerchio di protezione, in alto stava l'ombrello degli Hurricane levatisi dalle portaerei (Bonvicini, Guido, *Carlo Faggioni e gli aerosiluranti italiani*, Milano, Cavallotti Editori, 1987).

"I siluranti manovravano per attaccare di prua a dritta e di fianco dallo stesso lato" (Fioravanzo, Giuseppe, *Le azioni navali in Mediterraneo, dal 1° aprile 1941 all'8 settembre 1943*, Roma, Ufficio Storico della Marina Militare, 1970). Presto arrivarono le cannonate della reazione contraerea che, esplodendo, segnavano il cielo con nuvole scure e, dal mare ricoperto da chiazze di carburante, cominciarono a levarsi dense colonne di fumo nero. La missione bellica prevedeva di:

> [...] Attaccare con siluro nelle acque dell'Isola dei Cani (al largo della Tunisia *N.d.A.*) le unità mercantili e da guerra più importanti di un poderoso convoglio proveniente da ponente composto da 21 piroscafi e scortati da 2 navi da battaglia, 2 portaerei, sei incrociatori e 10 CC.TT. (cacciatorpediniere *N.d.A.*), che ancora una volta tenta di forzare il Canale di Sicilia coll'intento di rifornire l'isola di Malta (op. cit.).

Gli "Sparviero" del 132° Gruppo[15], iniziarono l'attacco secondo gli ordini di Rivoli, dividendo la formazione a 2 km dal convoglio in pattuglie allargate di 2-3 aerei l'una, per mirare meglio ai diversi obiettivi. Si sentì

> [...] la voce di Faggioni che urlava nel laringofono: "Dai alle panzone!" Era quasi il suo grido di guerra più volte ripetuto per scherzo anche a mensa o al circolo (op. cit.).

Il capitano Graziani da Affile (Roma) e il tenente Vinciguerra da Catania aggirarono due cacciatorpediniere per attaccare un piroscafo. La pattuglia all'estrema sinistra dello schieramento, formata da 2 S. 79 del tenente Carlo Faggioni da Carrara (LU), con il secondo pilota Winspeare da Napoli col compito di coadiuvare il primo [gli altri componenti dell'equipaggio erano: il sergente maggiore motorista Ideale Facca da Azzano Decimo (Sacile), l'aviere scelto marconista Giovanni Capaldi da Cassino (FR), il primo aviere armiere Italo

---

era il Silurificio Italiano (SI). I siluri aeronautici avevano una carica di esplosivo più dirompente di quelli navali costituita da *Tritolital*. La carica del siluro W era 170 kg oppure 200 kg, il diametro max. 450 mm, la lunghezza 5,46 m e il peso totale 890 kg o 920 kg.

15 A capo degli equipaggi dei velivoli attaccanti il 12 agosto 1942, vi erano i seguenti ufficiali: capitano Ugo Rivoli, tenente Francesco Bargagna, tenente Guido Barani, sottotenente Vittorio Moretti, sottotenente Carlo Pfister, sottotenente Mario Mazzocca, sottotenente Giuseppe Coci, capitano Giulio Cesare Graziani, tenente Carlo Faggioni, tenente Marino Marini, tenente Pasquale Vinciguerra, sottotenente Martino Aichner, tenente Paolo Manfredi, tenente Aldo Migliaccio.

▲ *Bombs away!* Bombe pesanti precipitano sul campo d'aviazione di Capodichino, alla periferia di Napoli, in un raid effettuato dalle "Fortezze Volanti" (Boeing B-17) dell'USAAF provenienti dell'Africa nord-occidentale. A Capodichino, nel novembre 1940, fu formato il 2° Nucleo Addestramento Siluranti (foto tratta da https://catalog.archives.gov/).

▲ Foto del venticinquenne sottotenente A.A. r.n. pilota Carlo Winspeare scattata il 23 aprile 1942 presso il 2° Nucleo Addestramento Aerosiluranti di Capodichino, Napoli (foto g.c. Collezione Edoardo Winspeare).

▼ Sembra ricordare l'insegna dell'Ordine di Malta il particolare dello stemma dei Winspeare che un tempo adornava Villa Salve sulla collina del Vomero (foto autore).

Gianni da Venezia e l'aviere scelto fotografo Loreto Daniello da Aversa (NA)] e del suo gregario, il sottotenente Martino Aichner da Trento, attaccò un altro piroscafo, ma il siluro rimase agganciato sotto l'apparecchio di quest'ultimo a causa del mancato funzionamento del meccanismo di sgancio[16]. Al ritorno, Graziani avrebbe chiesto ad Aichner spiegazioni in merito. Anche il siluro dell'apparecchio del sottotenente Vittorio Moretti da Genova[17] non si sganciò. Faggioni riuscì a sganciare, seguì una violenta virata a destra, a quota zero, in mezzo alle navi e poi via a zig-zag fra le traccianti delle mitragliatrici e le esplosioni delle cannonate. Non tutti i siluri andarono a segno o perché non sganciati o perché sganciati da troppo lontano (da 600 a 900 m, 2.700 m secondo il rapporto di Syfret) a causa del violentissimo fuoco della contraerea nemica e le navi ebbero così il tempo di evoluire. Il 12 agosto 1942 il sottotenente Carlo Winspeare partecipò ad una

[...] azione di siluramento contro convoglio di 21 piroscafi, scortati da 2 navi da battaglia, 2 portaerei, vari incrociatori e CC.TT., protetto da imprecisati Hurricane. Silurato e affondato incrociatore[18] da 10.000 ton. sotto reazione contraerea e attacchi della caccia nemica. Aereo colpito da scheggia (Ministero della Difesa, Direzione Generale per il Personale Militare, III Reparto, Servizio Ricompense e Onorificenze, proposta Medaglia di Bronzo al Valor Militare, Winspeare Carlo).

Il 132° Gruppo non sfigurò grazie alla vittoria del comandante Rivoli che alle ore 18.43 centrò a poppa, vicino alle eliche, il cacciatorpediniere appartenente alla Forza X *HMS Foresight* (*Lt Cdr* Robert Augustus Fell) di 1.428 t causandogli danni irreparabili, per cui fu affondato, nei pressi di La Galite a nordovest di Biserta, dal similare *HMS Tartar* (*Capt* St. John Reginald Joseph Tyrwhitt), che lo aveva preso a rimorchio con rotta verso ponente, alle ore 09.55 del giorno dopo.

La missione ebbe il seguente risultato:

[...] I velivoli Aerosiluranti gettatisi decisamente dentro l'intenso sbarramento contraereo, hanno attaccato, in tre formazioni l'incrociatore pesante e due grossi piroscafi. Da tutti gli specialisti componenti gli equipaggi sono stati visti distintamente scoppiare tre siluri contro l'incrociatore pesante. Due piroscafi sono stati pure colpiti da un siluro ciascuno. Velivoli da caccia nemici del tipo Hurricane, che hanno tentato di attaccare gli Aerosiluranti, sono sati prontamente intercettati dai Macchi 202 di scorta (op. cit.).

Così, da parte britannica, descrisse l'azione il *vice-admiral* Edward Neville Syfret:

[...] Alle 18.30 fu avvistata la prima formazione nemica... Contro di loro avevamo in volo 22 caccia... Il

---

16 Dopo la Battaglia di mezzo giugno, fu denunciato al Tribunale Militare il sabotaggio di alcuni siluri prodotti nel Silurificio di Baia (NA).

17 Inizialmente, l'equipaggio del sottotenente Moretti fu escluso dal trasferimento per indisponibilità dell'apparecchio ancora in riparazione. L'ufficiale protestò e pregò il comandante Rivoli di far lavorare la squadra riparazioni anche durante la notte. Fu accontentato e così poté raggiungere Pantelleria la mattina seguente.

18 L'unico incrociatore, che partecipò all'Operazione *Pedestal*, ad avere caratteristiche simili a quelle descritte era il modernissimo *HMS Manchester* (*Capt* Harold Drew), con armamento principale 12 cannoni da 152 mm e una stazza di 9.600 t (l'incrociatore leggero *HMS Cairo*, comandato dal *Capt* Cecil Campbell Hardy, da 4.190 t fu colpito dal sommergibile Axum alle 20.00 circa del 12.08.1942 e affondò al largo di Biserta, sebbene sia stato affondato dalle motosiluranti italiane MS 16 (C.C. Giorgio Manuti) e MS 22 (S.T.V. Franco Mezzadra) alle ore 01.07 del 13 agosto 1942 in prossimità del faro di Kelibia (a circa 20 miglia a sud di Capo Bon). Il cacciatorpediniere *HMS Pathfinder* imbarcò circa 150 uomini del suo equipaggio e, più tardi, la restante parte abbandonò la nave su *Carley float* (zattere di salvataggio *N.d.A.*). Gli incrociatori *HMS Nigeria* (*Capt* Stuart Henry Paton, nave di bandiera del comandante del 10° Squadrone Incrociatori, *RAdm* Harold Martin Burrough) di 8.670 t e *HMS Kenya* (*Capt* Alfred Spalding Russell) di 8.720 t, furono silurati dai sommergibili italiani Axum (T.V. Renato Ferrini) alle ore 20.00 e Alagi (T.V. Sergio Puccini) alle ore 21.12 del 12 agosto 1942 rispettivamente. È possibile che i tre incrociatori siano stati colpiti più volte in precedenza, anche da aerosiluranti, e che i risultati apprezzati fossero molto superiori a quelli reali (lo stesso ragionamento vale anche per la controparte).

▲ Il maggiore Carlo Emanuele Buscaglia (22.09.1915-24.08.1944), fu il comandante del 132° Gruppo Autonomo Aerosiluranti. Creduto morto nella rada di Bougie dopo un'azione di siluramento, fu imprigionato nell'Internment Camp di Crossville, Tennessee (USA). Tornato in patria, il 23 agosto 1944 tentò di decollare con un bombardiere Baltimore da Campo Vesuvio. Sfortunatamente, l'aereo si alzò da terra troppo presto toccando la pista con l'ala sinistra e si incendiò. Buscaglia, ustionato e ferito, morì il giorno seguente (foto tratta da *Tempo*, op. cit. in bibliografia).

primo attacco iniziò alle 18.35 e comprendeva almeno 13 aerosiluranti; contemporaneamente un numero imprecisato di bombardieri in quota, tuffatori e aerei posamine attaccarono. Fu effettuata una virata di emergenza per evitare le mine e i siluri che erano stati sganciati all'esterno dello schermo di tribordo. Dopo di ciò furono segnalati 40 aerosiluranti, seguiti immediatamente da un attacco degli Stuka contro l'INDOMITABLE che fu nascosta da colonne d'acqua (generate dalla caduta in mare delle bombe *N.d.A.*) e fumo. Il risultato finale di queste serie di duri attacchi fu il siluramento a poppa del FORESIGHT, l'INDOMITABLE fu colpita da 3 bombe (da 500 kg) di grandi dimensioni... che causarono due grandi incendi e ne misero fuori servizio il ponte di volo (Syfret, Edward Neville, Operation "Pedestal", Supplement to The London Gazette of Tuesday, the 10th of August, 1948, London, His Majesty's Stationery Office, 1948).

La formazione di aerosiluranti, rientrata a Pantelleria (atterraggio alle ore 20.20), fu attaccata sulla pista dai *Beaufighter* provenienti da Malta dalle 21.10 alle 22.03. Un aereo già parcheggiato prese fuoco e altri furono danneggiati dal mitragliamento, tra questi c'era anche "Faà di Bruno"[19], l'aereo di Faggioni. Il sottotenente pilota Moretti,

---

19 Nell'equipaggio di Faggioni c'era l'aviere scelto Capaldi che faceva il marconista in volo e raccontava i fatti del gruppo su alcuni giornali a terra: [...] Il mio apparecchio si chiamava "Faà di Bruno" [...] In seguito ci fu chi trovò una significativa corrispondenza tra le due iniziali e la espressione "Faggioni di Buscaglia"; altri vi scorse un monito e, insieme, un memento della sfortunata battaglia di Lissa. In realtà quel nome lo inventai io e non so più, ora, come mi venne in mente. Mi pare che lo inserii in una corrispondenza di guerra; Faggioni lesse quella corrispondenza e il nome gli piacque. Ne parlò a lungo con me e finì col dire che voleva quel nome sul nostro aeroplano, e non sul muso, per farlo leggere agli altri, ma sulla carlinga, affinché lo vedessimo noi, imbarcandoci" (Bonvicini, Guido, *Carlo Faggioni e gli aerosiluranti italiani*,

▲ Bellissima foto di gruppo nella quale compare in piedi, al centro, il comandante del 132° Gruppo Autonomo Aerosiluranti Carlo Emanuele Buscaglia; affianco, alla sua destra, vi è un ufficiale della *Luftwaffe*. Da sinistra, il primo accovacciato che stringe in mano il proprio berretto, è Carlo Winspeare (foto g.c. Collezione Edoardo Winspeare).

▲ Apparecchio *Hurricane* abbattuto dalla difesa contraerea siciliana la notte del 26 aprile 1942 a Gerbini, presso Catania. La mattina seguente Winspeare, che conosceva perfettamente l'inglese, fu inviato da Buscaglia per controllare i documenti del pilota, un ragazzo biondo che sembrava dormire nell'abitacolo. "Hanno preso tutto i tedeschi" gli disse Aichner, "mi è rimasto solo il tesserino di riconoscimento"; dal taschino della sua giacca spuntava una tessera gialla sulla quale c'era scritto: "Sergeant Webster" (foto Istituto Luce, tratta da: https://tecadigitaleacs.cultura.gov.it/).

▶ Lo stemma (disegno dic. 1940 s. ten. Alessandro Maffei, tema cap. Massimiliano Erasi, motto Francesco Pastonchi) adottato dalla 278ª Squadriglia (che insieme alla 281ª Squadriglia formava il 132° Gruppo Aerosiluranti) raffigurava "i soliti quattro gatti" su un siluro a coda dritta, due bianchi (per portare fortuna agli equipaggi) e due neri (per portare sfortuna ai nemici), che rappresentavano il numero iniziale dei velivoli in dotazione al reparto. Il motto *Pauci sed semper immites* significava "Pochi ma sempre impetuosi" (foto Luciano Baldi via G. Maressi).

▲ Soldati tedeschi del *Deutsches Afrikakorps* (DAK) sul ponte di una nave ancorata presso la Stazione Marittima di Napoli nel 1941. Sullo sfondo è possibile distinguere il Maschio Angioino o Castel Nuovo, la collina del Vomero con la Certosa di San Martino e, alle spalle, il Castel Sant'Elmo. Il porto di Napoli fu un importante snodo logistico per i convogli dell'Asse da e per la Libia in Africa Settentrionale (foto autore).

[…] sorpreso dal mitragliamento di due velivoli nemici del tipo Beaufighter, mentre sull'Aeroporto di Pantelleria rullava l'apparecchio per ricoverarlo in aviorimessa, è stato colpito da raffiche di mitragliatrice ed è deceduto (op. cit.).

Finendo fra le pale dell'elica del motore destro del suo apparecchio, che stavano ancora roteando. Oltre a quanto sopra descritto sulle perdite: "Sette velivoli sono stati colpiti in più punti dalla violentissima reazione c.a. delle navi" (op. cit.). Le osservazioni inerenti la giornata del 12 agosto furono le seguenti:

[…] Gli equipaggi hanno dato una luminosa prova di aggressività e spirito combattivo, lanciandosi dentro un formidabile fuoco contraereo per poter effettuare lo sgancio dei siluri a breve distanza… L'azione è stata combinata con il bombardamento in picchiata e con la scorta della nostra caccia. Il concetto tattico dell'azione,

Milano, Cavallotti Editori, 1987).

▲ Carlo Winspeare in posa su un fusto di carburante, indossa la tuta di volo bianca. Alle sue spalle un S. 79, presumibilmente in manutenzione, sembra avere il muso coperto da un telo. Sotto l'ala è possibile scorgere la coccarda con i tre fasci littori stilizzati (foto g.c. Collezione Edoardo Winspeare).

▶ L'emblema del 132° Gruppo Autonomo Aerosiluranti rappresentava il paladino Orlando che, in groppa ad un cavallo alato armato di lancia e scudo, combatte un mostro marino tricefalo, su tre righe vi era scritto il motto dannunziano: "Col cuore e con l'arma oltre ogni meta" (foto autore).

▲ A destra, Carlo Winspeare sorridente, nella baracca del Comando del 132° Gruppo Autonomo Aerosiluranti, con altri commilitoni. Al suo fianco vi è, appeso, l'emblema del 132° Gruppo (foto g.c. Collezione Edoardo Winspeare).

▼ Il segretario della Federazione dei Fasci di Combattimento di Catania, Antonio Mancia, in visita al campo d'aviazione di Gerbini, sede del 132° Gruppo Autonomo Aerosiluranti. Da sinistra: Graziani, Rivoli, il federale, Winspeare, Buscaglia, Aichner, Bargagna, Pfister e Mazzocca. In primo piano Buscaglia (foto g.c. Collezione Edoardo Winspeare).

▲ Un'altra immagine tratta dalla stessa serie delle precedenti. In primo piano il maggiore Buscaglia, alle sue spalle a desta, il sottotenente Winspeare (foto g.c. Collezione Edoardo Winspeare).

basato sull'impiego a massa degli aerei contro un limitato numero di unità ha avuto buon esito poiché ha permesso di ottenere risultati concreti.

Intanto il convoglio entrava nelle acque del Canale di Sicilia passando per il Banco di Skerki. Per buona parte della navigazione, grazie alle decrittazioni di Ultra (*Intelligence N.d.A.*)[20], erano tenuti sotto controllo gli spostamenti degli incrociatori italiani. La mattina di giovedì 13 agosto,

[…] alle ore 02.30, una squadra della Regia Marina, formata da 4 incrociatori (gli altri 2 incrociatori furono danneggiati *N.d.A.*) e 8 cacciatorpediniere, che si trovava al largo della costa nordoccidentale della Sicilia, fece ritorno (la 3ª Divisione con l'Attendolo e la 7ª Divisione si diressero verso Messina e Napoli rispettivamente) senza entrare in contatto con il convoglio (National Museum of the Royal Navy, Admiralty War Diaries, Mediterranean Fleet, July to September 1942, Mediterranean War Diary, August 1942).

Probabilmente, il motivo di questa decisione, era dovuto alla dimostrazione della RAF

---

[20] La Regia Marina, a partire dal dicembre del 1940, adottò la macchina cifrante svedese *C38m* (da non confondere con la più famosa tedesca *Enigma N.d.A.*) di Boris Hagelin (02.07.1892-07.09.1983) per la cifratura dei messaggi. Il 26.02.1941, durante l'operazione *Abstention*, i *Commando* britannici recuperarono il cifrario Y-1, il libro decifrante usato dal Regio Ministero degli Affari Esteri, custodito nella cassaforte della residenza del Governatore di Castelrosso nel Mar Egeo, l'isola più orientale del Dodecaneso. L'*Ultra Intelligence* britannica aveva il suo centro operativo all'interno della tenuta di Bletchley Park (BP), dove fu trasferita, nell'estate del 1940, la *Government Code* e *Cipher School* (GC&CS). La "rottura" della *C38m*, nell'estate del 1941, da parte del matematico William Thomas Tutte (14.05.1917-02.05.2002), della *Research Section* di BP (più tardi *Cryptographic Coordination and Record Section* o CCR), permise di decrittare migliaia di radiomessaggi intercettati alla Regia Marina e, in buona parte, inerenti il traffico dei convogli di rifornimento per l'Africa Settentrionale. Ciò costituì un punto di svolta nella battaglia dei convogli nel Mediterraneo.

◄ Carlo Winspeare seduto presso l'uscio della baracca assegnata alla 281ª Sq. Aerosiluranti (foto g.c. Collezione Edoardo Winspeare).

► La pista dell'aeroporto di Gerbini (CT): un aereo tenta di decollare per sfuggire ad un bombardamento alleato. Nel 1942 vi era basato il nucleo comando del 132° Gruppo Autonomo Aerosiluranti al comando del cap. (poi magg.) Carlo Emanuele Buscaglia con le Squadriglie 278ª e 281ª (foto tratta da https://catalog.archives.gov/).

volta a convincere il nemico che una forza d'attacco molto più grande era in procinto di attaccare le forze di superficie italiane, le quali non disponevano di un'adeguata scorta aerea. Le azioni aeree ripresero a cominciare dalle ore 08.00.

[…] Due velivoli S. 79 della 278ª Squadriglia ed uno della 281ª Squadriglia al rientro da una tentata azione di siluramento atterrano con siluro sull'Aeroporto di Castelvetrano e vi rimangono su allarme (op. cit.).

Alle ore 10.30 di una mattina caliginosa, il 132° Gruppo partì con il compito di: "Portare nuovamente l'offesa ai resti del poderoso convoglio scompaginato nella giornata di ieri" (op. cit.) che si trovavano a 130 km a sud-est di Pantelleria. Così inviò una pattuglia di 5 dei suoi aerosiluranti (3 velivoli della 278ª Squadriglia e 2 velivoli della 281ª Squadriglia), ancora agli ordini di Rivoli[21], che comprendeva Faggioni [passato intanto su un altro aereo, portando con sé lo stesso equipaggio del giorno precedente e l'aviere scelto fotografo Ugo Vascellari da Calalzo (BL)], Graziani, il tenente Guido Barani (da Comano, Apuania) e il sottotenente Carlo Pfister (da New York) con 14 caccia di scorta del maggiore Fanali del 155° Gruppo, che riuscirono a centrare, ma non ad affondare, il mercantile per trasporto refrigerato *SS Port Chalmers* (*Capt* Henry George Bacon Pinkney, nave comando del *Cdre* Albert George Venables) di 8.535 t:

[…] A circa 50 miglia, a ponente di Malta sono stati avvistati sette piroscafi scortati da 5 unità tra incrociatori e CC.TT. e protetti in volo da velivoli da caccia del tipo Spitfire. Un grosso piroscafo è stato colpito da siluro. L'effetto di un altro siluro, che il nemico ha tentato di affondare a colpi di mitragliera, non è stato

---

21 A capo degli equipaggi dei velivoli attaccanti il 13 agosto 1942, vi erano i seguenti ufficiali: capitano Ugo Rivoli, tenente Guido Barani, sottotenente Carlo Pfister, capitano Giulio Cesare Graziani, tenente Carlo Faggioni.

▲ Il *vice-admiral* Edward Neville Syfret (20.06.1886-10.12.1972) nel suo ufficio presso l'Ammiragliato a Londra; fu il comandante del convoglio diretto a Malta durante *l'Operation Pedestal* dopo la quale fu nominato Cavaliere Commendatore dell'Ordine del Bagno [...] Per il coraggio e l'intrepida risoluzione nel proteggere con le armi un importante convoglio fino a Malta di fronte agli implacabili attacchi diurni e notturni di sommegibili, aeroplani e forze di supeficie nemici (foto Ware, C. J., tratta da https://commons.wikimedia.org/).

osservato, ma date le testimonianze della caccia di scorta, si ritiene che anche questo siluro abbia colpito un grosso piroscafo (op. cit.).

D'altro canto, questa fu la versione inglese dei fatti appena descritti:

> [...] Alle 11.20 del 13 agosto 1942 gli aerosiluranti italiani eseguirono un attacco combinato con il lancio di mine paracadutate o siluri con traiettoria a spirale (ovvero le motobombe FFF, dai nomi dei progettisti: Carlo Filpa, Amedeo Fiore e Prospero Freri, erano una specie di siluro cadente in acqua con paracadute *N.d.A.*). I siluri furono lanciati dalla lunga distanza eccetto uno che si impigliò nel paramine dell'*SS Port Chalmers* (op. cit.).

Il comandante del mercantile, vista la circostanza pericolosa, ordinò di tagliare il cavo del paramine e di eseguire una forte accostata in modo da liberare il siluro. Nell'azione l'apparecchio di Faggioni venne colpito ripetutamente. Gli aerosiluranti atterrarono alle ore 12.05 tranne l'S. 79 di Barani che venne crivellato dalle raffiche di uno *Spitfire* del 126 *Squadron* precipitando in mare con il suo equipaggio[22]: "Durante la rotta di scampo la formazione di Aerosiluranti è stata attaccata da velivoli da caccia del tipo Spitfire, che hanno abbattuto in fiamme un nostro velivolo" (op. cit.). Dopo appena mezz'ora dalla partenza, rientrò l'S. 79 di un emozionatissimo Rivoli per l'amico caduto, a seguire, rientrarono gli altri velivoli che avevano affrontato un avversario più numeroso e aggressivo. La caccia inglese era ora più battagliera poiché la difesa al convoglio poteva essere fornita dalla RAF direttamente dalla vicina base di Malta che era stata rifornita di aerei modernissimi nei giorni precedenti. Il 13 agosto, nelle acque di Malta, Winspeare prese parte ad una

> [...] azione di siluramento contro convoglio di 7 piroscafi scortati da 2 incrociatori e 3 CC.TT. protetto da 40 Spitfire. Silurato piroscafo[23] da 8.000 ton. Violentissima reazione contraerea e reiterati attacchi della caccia nemica. 1 aereo della formazione abbattuto e 1 colpito da schegge (op. cit.).

L'ultimo compito della giornata (nella maggior parte della quale gli aerei non poterono decollare per le avverse condizioni metereologiche) del 132° Gruppo, con la partecipazione di 2 velivoli della 278ª Squadriglia e 1 velivolo della 281ª Squadriglia (con a capo degli equipaggi: Rivoli, Pfister, Graziani e Faggioni come secondo pilota di quest'ultimo) e partenza alle ore 19.05, consisteva nel: "Ricercare ed attaccare con siluro una grossa unità nemica che si presume trovarsi avariata nel punto di Lat. 37° 25' e di Long. 9° 46'" (op. cit.). Ma il risultato non fu quello sperato: "È stata accuratamente esplorata la zona compresa tra il 9° e l'11° Meridiano. L'unità segnalata non si trovava in detta zona" (op. cit.). Gli apparecchi atterrarono a Castelvetrano alle ore 21.30[24]. In serata le avanguardie del convoglio *Pedestal*, scor-

---

22 [...] Equipaggio del velivolo abbattuto: Tenente Pilota BARANI Guido, Serg. M. (pilota *N.d.A.*) MAVILIO Fernando (da Pozzuoli, Napoli), I° Av. Motor. FRANCO Italo (da Gorizia), I° Av. Marcon. PEDEMONTE Tullio (da Genova), I° Av. Armiere TARTAGLIONE Giuseppe (da Marcianise, Caserta), Aviere All. Fotogr. FERRARI Vittorio (da Napoli) (op. cit.).
23 Gli altri piroscafi ad avere caratteristiche simili a quelle descritte erano: SS *Santa Elisa* (US, *Capt* Theodore Thompson) di 8.379 t colpito da uno Ju. 88, esplose alle ore 05.30 del 13 agosto 1942; SS *Deucalion* (*Capt* Ramsay Brown) di 7.516 t colpito dagli He 111 alle ore 21.30 del 12 agosto 1942, affondò vicino l'Isola dei Cani e i sopravvissuti furono recuperati dal cacciatorpediniere HMS *Bramham*; SS *Rochester Castle* (*Capt* Richard Wren) di 7.795 t colpito da velivoli tedeschi alle ore 20.35 del 12 agosto 1942 e silurato dal Mas 564 (nocchiere di 2ª classe Giuseppe Iafrate) alle 05.10 del 13 agosto 1942, dopo che la Ms tedesca *S 30* (*Lt zS* Horst Weber) aveva fallito il bersaglio alle 03.14.
24 Per completezza, di seguito, riportiamo quanto scritto nel Diario Storico del 132° Gruppo Aerosiluranti per i giorni 14 e 15 agosto 1942 (op. cit.):
> [...] 14/8 <u>Variazioni nello schieramento</u> :
> I tre velivoli che si trovavano sull'Aeroporto di Castelvetrano e 5 velivoli, due della 278ª Squadriglia e 3 della 281ª Squadriglia, che si trovavano sull'Aeroporto di Pantelleria, dopo aver effettuato un'azione di siluramento, atterrano sull'Aeroporto di Elmas.
> <u>Apparecchi efficienti</u> : S. 79 Siluranti n°
> <u>Missione bellica</u> :

tate da dragamine e motobarche, entrarono nel Grand Harbour di Malta. Gli aerei italiani eseguirono 11 attacchi principali nei giorni 12, 13 e 14 agosto 1942; invece, gli aerei tedeschi eseguirono 18 attacchi principali nei giorni 11, 12, 13 e 14 agosto 1942. Purtroppo, durante la battaglia, perirono circa 550 uomini: 450 (dei quali 162 affondarono miseramente con la *HMS Eagle*) tra gli Alleati e 100 (dei quali 45 affondarono tragicamente col RSmg Dagabur speronato dal cacciatorpediniere *HMS Wolverine*) appartenenti alle forze dell'Asse. Le perdite[25] della *Royal Navy* furono (tra parentesi il numero delle vittime): 1 portaerei [*HMS*

Compito: Attaccare con siluro una formazione navale nemica composta da una nave da battaglia, tre incrociatori e tre CC.TT. navigante nel punto di Lat. 37° 18' e di Long. 6° 22' con rotta ponente.

Risultato: I velivoli aerosiluranti nonostante l'intenso e violento fuoco contraereo delle unità, hanno attaccato (all'altezza di Capo Bougaroun *N.d.A.*), in due formazioni la nave da battaglia e un incrociatore leggero. Il I° Aviere Giannandrea, armiere dell'ultimo velivolo che ha effettuato l'attacco, ha osservato una colonna d'acqua sul fianco dell'incrociatore leggero, che ha emesso un'altra colonna verticale di fumo, come osservato anche da altri membri degli equipaggi e documentato da una fotografia, ed ha rallentato la velocità accostando.

Reparti ed apparecchi partecipanti:
278ª Squadriglia con 4 velivoli
281ª Squadriglia, con 4 velivoli.
Partenza ore 10.20 = Atterraggio ad Elmas ore 14.25
Un velivolo è stato colpito dalla reazione contraerea ed è tornato alla base con una lacerazione al piano di coda ed un'altra al cielo del posto di pilotaggio. Uno specialista è rimasto ferito alla testa da schegge della reazione contraerea.

Feriti:
Av. Sc. Fotografo CARINGELLA Giuseppe.
Queste tre successive azioni di siluramento sono da considerarsi tra le più rischiose e brillanti finora compiute. È da segnalarsi la prova data dal personale che, con immutato spirito aggressivo e combattivo, ha partecipato a questi tre successivi attacchi contro il più grande convoglio nemico che abbia tentato di varcare il Mediterraneo.

IL COMANDANTE 132° GRUPPO AUTON. AEROSILURANTI
(Capitano Pil. Carlo Emanuele BUSCAGLIA)

15/8 Variazioni nello schieramento:
I quattro velivoli della 278ª Squadriglia e i quattro della 281ª Squadriglia che si trovavano sull'Aeroporto di Elmas rientrano in sede a Gerbini. Un velivolo S. 79 dal 2° Nucleo Addestramento Aerosiluranti di Capodichino è assegnato alla 278ª Squadriglia.

Apparecchi efficienti: S. 79 Siluranti n° 7

IL COMANDANTE 132° GRUPPO AUTON. AEROSILURANTI
(Capitano Pil. Carlo Emanuele BUSCAGLIA)

25 Il Quartier Generale delle Forze Armate diramò i seguenti bollettini di guerra:

Bollettino n. 804 del 10 agosto 1942:
[…] Attacchi diurni e notturni sono stati effettuati da formazioni dell'aviazione dell'Asse contro le basi aeronavali di Malta (*Bollettino N. 804* in "il Resto del Carlino", anno 58, n. 191, Bologna, martedì, 11 agosto, 1942).

Bollettino n. 805 dell'11 agosto 1942:
[…] Contro gli aeroporti maltesi sono proseguite le azioni di bombardamento dell'aviazione dell'Asse: quattro "Spitfire" risultano distrutti in duelli aerei (*Bollettino N. 805* in "il Resto del Carlino", anno 58, n. 192, Bologna, mercoledì, 12 agosto, 1942).

E il Bollettino n. 806 del 12 agosto 1942:
[..] Incursioni aeree britanniche su Catania e su varie località della Provincia di Cagliari, hanno causato due morti e tre feriti. Nel Mediterraneo occidentale un nostro sommergibile attaccava all'alba di ieri, una grossa nave da guerra di tipo imprecisato fortemente scortata, colpendola con due siluri (*Bollettino N. 806* in "Cronache della Guerra", Roma, Anno IV, N. 34, 22 agosto 1942).

Seguito dal Bollettino n. 807 del 13 agosto 1942:
[…] Nel Mediterraneo occidentale un grosso convoglio nemico, scortato da un imponente numero di navi da guerra, tra cui numerose portaerei, veniva avvistato fin dall'alba del giorno 11 e attaccato da poderose formazioni aeree e da sommergibili dell'Asse. L'azione, tuttora in corso, ha già dato risultati a noi favorevoli: forti perdite sono state inflitte al convoglio, alle navi di scorta, segnatamente alle portaerei che subivano i più duri colpi ed alle formazioni aeree del nemico. Tali perdite saranno successivamente precisate (*Bollettino n. 807* in "La Battaglia del Canale di Sicilia, Mezz'agosto 1942-XX", Roma, Istituto Romano di Arti Grafiche, 1942).

Seguito dal Bollettino straordinario n. 808 (comunicato anch'esso il 13 agosto 1942):

Eagle (162)], 2 incrociatori [*HMS Cairo* (23) e *HMS Manchester* (11)] e 1 cacciatorpediniere [*HMS Foresight* (5)] affondati; 1 portaerei [*HMS Indomitable* (52)], 2 incrociatori [*HMS Kenya* (4) e *HMS Nigeria* (50)] e 2 cacciatorpediniere (*HMS Wolverine* e *HMS Ithuriel*) danneggiati. A queste si aggiunsero i 6 caduti della *HMS Victorious* e le perdite della Marina mercantile britannica: 9 piroscafi affondati [*MV Empire Hope, SS Dorset, MV Wairangi, MV Waimarama* (73), *SS Almeria Lykes (US), SS Santa Elisa (US), SS Clan Ferguson* (11),

[…] All'alba del giorno 11 agosto, nel Mediterraneo occidentale, nostri sommergibili ed aerei da ricognizione avvistavano in navigazione da Gibilterra verso oriente un grosso convoglio nemico composto di oltre 20 piroscafi con la scorta di 3 navi da battaglia, 4 navi portaerei, numerosi incrociatori, alcune diecine di cacciatorpediniere ed unità minori. Dal mattino stesso dell'11 cominciava l'azione delle forze aeree e navali italiane e germaniche, strettamente cooperanti, contro l'importante formazione avversaria. Nostri sommergibili, Mas e motosiluranti, squadriglie di bombardieri in quota e in picchiata e di aerosiluranti con forti aliquote di caccia, agendo in massa, si avvicendavano nell'attacco silurando e bombardando numerose unità del convoglio, nonostante il violentissimo fuoco antiaereo e la reazione della caccia nemica. Nel complesso delle azioni venivano inflitte al nemico le seguenti perdite:

dai mezzi della Regia Marina: 1 incrociatore e 3 piroscafi affondati;

dai mezzi della R. Aeronautica: 1 incrociatore, 1 cacciatorpediniere e 3 piroscafi colati a picco;

dai mezzi aeronavali germanici: oltre all'affondamento della nave portaerei "Eagle", 4 piroscafi colati a picco.

Numerose altre navi mercantili e da guerra, fra le quali 1 corazzata e 2 navi portaerei (una delle due era la *HMS Furious* da 22.500 t *N.d.A.*), risultano colpite: alcune più volte e così gravemente da far ritenere molto probabile il loro successivo affondamento. In combattimenti di estrema durezza impegnati dai nostri cacciatori, che dominavano il cielo della battaglia, 32 velivoli avversari venivano abbattuti; 13 nostri apparecchi non facevano ritorno alla base, molti altri rientravano con morti e feriti a bordo. La parte più importante del naviglio di scorta ha preso la via del ritorno, sotto l'azione ininterrotta dei nostri aerei. Una frazione del convoglio cerca di raggiungere Malta inseguita e martellata dall'aviazione germanica e italiana (*Il bollettino straordinario N. 808* in "Il Piccolo", Trieste, venerdì 14 agosto 1942).

Ai quali si aggiunsero il Bollettino n. 809 del 14 agosto 1942:

[…] In Mediterraneo, nelle ulteriori azioni contro le superstiti aliquote del convoglio nemico attaccato nei giorni precedenti sono stati conseguiti nuovi successi. Sommergibili e piccole unità siluranti hanno affondato un incrociatore, un cacciatorpediniere e 3 navi mercantili; aerosiluranti e bombardieri hanno colato a picco 4 piroscafi e colpito con due siluri una nave da battaglia in navigazione verso Gibilterra; unità aeronavali germaniche hanno affondato 4 navi mercantili. La nave portaerei colpita il giorno 11 dal sommergibile Uarsciek e rientrata avariata a Gibilterra, è il Furious. Fra gli incrociatori da noi affondati è il modernissimo Manchester. Molti naufraghi nemici sono stati raccolti e concentrati nelle nostre basi navali o in ospedali. Altri sono affluiti sulle coste tunisine. Risultano abbattuti altri 10 velivoli avversari ad opera della caccia italo – tedesca; le nostre perdite sono salite a 19 apparecchi. Due nostre unità della R. Marina, di medio tonnellaggio, sono state danneggiate e una di esse gravemente (*Bollettino N. 809* in "Stampa Sera", anno 76, n. 194, Torino, venerdì sabato, 14-15 agosto, 1942).

E il Bollettino n. 810 del 15 agosto 1942:

[…] Nella giornata di ieri è continuata, da parte delle nostre forze aeronavali, l'azione contro i dispersi nuclei delle navi da guerra, che già avevano scortato il convoglio nemico, costantemente controllati dalla nostra ricognizione aerea prodigatasi senza tregua dall'inizio della battaglia. Un mas silurava da breve distanza un cacciatorpediniere; formazioni di tuffatori centravano con bombe di grosso calibro una nave di grande tonnellaggio; una pattuglia di aerosiluranti colpiva un incrociatore pesante; altra formazione di aerosiluranti centrava un incrociatore e metteva a segno un siluro sulla prua di una nave da battaglia. I nostri cacciatori di scorta abbattevano quattro Spitfire. Alcuni equipaggi degli aerei perduti nei giorni precedenti sono stati tratti in salvo da idrovolanti di soccorso… Sul porto di La Valletta e sull'aerodromo di Micabba gli aviatori dell'Asse hanno sganciato bombe di vario calibro; un apparecchio nemico è stato abbattuto. Dalle missioni di guerra della giornata, 6 nostri aeroplani non sono tornati (*Bollettino N. 810* in "il Resto del Carlino", anno 58, n. 195, Bologna, lunedì, 17 agosto, 1942).

Invece, il seguente è il Bollettino radiofonico inglese del 19.08.1942:

[…] In esso viene annunciato che, oltre alla Pa *Eagle* a all'Inc *Manchester*, sono stati affondati anche l'Inc c.a. *Cairo* e il Ct *Foresight*. Il numero totale degli apparecchi distrutti nella battaglia ammonta a 66, mentre le perdite in aerei da parte britannica sono di 8 velivoli, mentre 4 piloti di essi sono stati salvati… Il *Foresight* fu silurato da un velivolo e rimorchiato per 12 ore; ma successivamente anch'esso dovette essere affondato da navi inglesi (op. cit.).

MV Glenorchy (7), SS Deucalion]; 2 piroscafi [MV Brisbane Star (1) e SS Rochester Castle] e 1 petroliera (SS Ohio) danneggiati. Sebbene riuscì ad approdare a Malta, la MV Melbourne Star annoverò 9 vittime. Mentre le perdite della Regia Marina furono: 2 sommergibili [RSmg Dagabur (45) e RSmg Cobalto (2)] affondati; 2 incrociatori [RN Bolzano (9) e RN Attendolo] e 1 sommergibile [RSmg Giada (1)] danneggiati. Invece, la *Kriegsmarine* perse la motosilurante S 58. Le perdite tra i velivoli britannici, appartenenti alle portaerei, ovvero alla *Fleet Air Arm* (FAA) e alla RAF di Malta, ammontarono a 36 aerei. D'altra parte le perdite della Regia Aeronautica furono 42 aerei. La *Luftwaffe* perse 19 aerei tra i quali vi erano almeno 15 Ju. 88, 1 Ju. 87 e 1 Bf 109 abbattuti con 9 morti accertati, 51 dispersi (di cui 11 salvati o ritornati) e 3 feriti[26]. Nonostante il 64,3% del convoglio *W.S.21S.* fosse stato affondato e il 21,4% danneggiato, riuscirono ad arrivare a Malta 5 navi superstiti con 32.000 t di rifornimenti vitali per l'isola affamata che furono scaricati, entro il 22 agosto 1942, dai soldati della guarnigione di Malta. Questo compito fu chiamato operazione *Ceres*[27]. Malta continuò così ad essere una spina nel fianco per le forze dell'Asse nel teatro del Mediterraneo. Secondo la stampa angloamericana furono distrutti di sicuro 66 aerei (probabilmente 100 contando anche i danneggiati) dell'Asse e la RAF perse 8 aerei. Il *vice-admiral* Syfret scrisse nel suo rapporto sull'operazione *Pedestal*: "Il fatto che 39 velivoli siano stati abbattuti da loro con certezza e la probabilità che almeno altrettanti siano stati resi inservibili è una misura eccezionale del successo delle portaerei" (op. cit.). Sempre nello stesso rapporto, Syfret descrisse che tra gli aerei nemici: 26 erano stati abbattuti (di cui 3 Ju. 88 e 2 Ju. 87), 9 erano stati probabilmente abbattuti (di cui 4 Ju. 88, 1 Ju. 87, 1 aerosilurante e 1 posamine) 1 (*Stuka* o "Picchiatello") presunto abbattuto e 5 danneggiati (di cui 2 Ju. 88). Mentre, da parte inglese, 6 aerei erano stati abbattuti (di cui 1 *Spitfire*, 1 *Hurricane* e 1 *Fulmar*) e 1 aereo forzato all'atterraggio; 2 piloti furono tratti in salvo e gli equipaggi di 2 aerei furono recuperati. Per il generale di squadra aerea Giuseppe Santoro, durante la Battaglia di mezzo agosto, furono abbattuti 19 velivoli della Regia Aeronautica (di cui 6 S. 79, 6 Ju. 87, 5 Re. 2001 e 2 S. 84), 1 S. 79 atterrò in Tunisia e caddero 63[28] uomini degli equipaggi che si aggiunsero ai 2 morti in seguito all'attacco di mitragliamento sugli aeroporti di Elmas e Decimomannu (e al sottotenente Vittorio Moretti *N.d.A.*). I bollettini del Quartier Generale delle Forze Armate

---

26 Di seguito il grado; il nome e il cognome del pilota; il reparto; il modello, il numero di identificazione e di serie dell'aereo; la data di abbattimento dei velivoli andati perduti durante le operazioni *Pedestal* e *Bellows* dal 10 al 14 agosto 1942: *Fw* Walter Bastian, 1/LG-1, Ju. 88A-4, L1 + EH, 140074, 12.08.1942; *Uffz* Gerhard Böhr, 3/LG-1, Ju. 88A-4, L1 + BL, 5551, 13.08.1942; *Obfw* Helmut Deidlauf, 5/LG-1, Ju. 88A-4, L1 + GN, 140101, 12.08.1942; *Obfw* Siegfried Fiedler, 6/LG-1, Ju. 88A-4, L1 + AP, 140197, 12.08.1942; *Oblt* Helmut Axel Gerlich, 5/LG-1, Ju. 88A-4, L1 + ON, 142203, 12.08.1942; *Uffz* Herbert Gössling, I/StG-3, Ju. 87D-3, CG + SA o CG + SK, 2711, 13.08.1942; *Lt* Hans-Ernst Hamann, 6/LG-1, Ju. 88A-4, L1 + HP, 140090, 12.08.1942; *Uffz* Franz Hronek, 2(F)/122, Ju. 88A-4, F6 + FK, 2174, 11.08.1942; *Oblt* Leopold Lagauer, 8/KG-77, Ju. 88A-4, 3Z + ES, 2158, 12.08.1942; *Fw* Hugo Langer, 2/JG-77, Bf 109F-4, 13190, 13.08.1942; *Obfw* Heinz Limmertz, 4/KG-77, Ju. 88A-4, 3Z + FM, 142177, 14.08.1942; *Hptm* Werner Lüben, Stfkpt 2/LG-1, Ju. 88A-4, L1 + YK, 140105, 12.08.1942; *Lt* Karl-Erich Ritter, 1/KGr-806, Ju. 88A-4, M7 + DH, 140701, 11.08.1942; *Uffz* Hans Schmiedgen, 2(F)/122, Ju. 88D-1, F6 + KK, 430274, 13.08.1942; *Lt* Leo Skrdla, 3/KGr-806, Ju. 88A-4, M7 + GL, 8619, 11.08.1942; *Hptm* Werner Tronicke, 3/KGr-806, Ju. 88A-4, M7 + DL, 5829, 12.08.1942; *Fw* Werner Vogt, 1/LG-1, Ju. 88A-4, L1 + OH, 5600, 12.08.1942.

27 Cerere, in latino *Ceres, Cereris*, era la dea italica delle messi e della fertilità dei campi; essa nell'iconografia era raffigurata con una corona di spighe sul capo mentre stringe in mano un mazzo di spighe.

28 Il dato è stato estrapolato moltiplicando il numero degli aerei abbattuti, descritti nell'opera di Giuseppe Santoro (Napoli, 09.11.1894-02.06.1975) sottocapo di Stato maggiore della Regia Aeronautica durante la seconda guerra mondiale, per il numero dei componenti dei rispettivi equipaggi, pertanto rappresenta solo una stima. Fortunatamente, non sempre ad un aereo abbattuto corrispondeva la perdita del suo equipaggio. Ad esempio, sono noti casi di recupero grazie all'idrosoccorso. Probabilmente, una buona parte dei componenti degli equipaggi si salvò.

riportano (si veda anche la nota 21), invece, che vennero abbattuti 47 velivoli avversari e 25 nostri apparecchi non fecero ritorno. I giornali dell'epoca esaltarono l'impresa dei militari della Regia Aeronautica e della Regia Marina con titoli sulle prime pagine come i seguenti: "La portaerei "Eagle„ affondata" (Corriere della Sera, mercoledì 12 agosto 1942), "Poderoso attacco a un convoglio scortato da un'imponente flotta" (Le Ultime Notizie, Il Piccolo delle ore diciotto, giovedì 13 agosto 1942), "Il convoglio inglese decimato" (Il Piccolo, venerdì 14 agosto 1942), "Tre navi da guerra e dieci piroscafi colati a picco" (il Resto del Carlino, venerdì 14 agosto 1942), "L'annientamento del convoglio nemico" (Il Mattino, sabato 15 agosto 1942), "Nessun trasporto scampato alla strage" (La Stampa, sabato 15 agosto 1942), "Navi in fiamme al largo delle coste tunisine" (Il Messaggero, sabato 15 agosto 1942); e perfino il Duce emanò un proclama di elogio indirizzato agli

> [...] Ufficiali, sottufficiali, graduati, marinai e avieri! Nei giorni 11, 12, 13 agosto voi avete, dopo aspra battaglia, annientato le forze navali nemiche che avevano ancora una volta tentato di avventurarsi sul mare di Roma. Il nemico di solito così reticente e tardivo è stato costretto, data la gravità della sua catastrofe, a confessare le perdite e a riconoscere la vostra splendente vittoria. Schiantate dalle vostre bombe e dai vostri siluri, le sue navi giacciono in fondo al Mediterraneo. I camerati germanici, in fraterna emulazione con voi, hanno giorno e notte combattuto al vostro fianco e inflitto al nemico colpi mortali. Ufficiali, sottufficiali, graduati, marinai e avieri! Nel breve ciclo di due mesi voi avete piegato fino alla più cocente umiliazione l'orgoglio di quella che fu un giorno la dominatrice dei mari, ne avete diminuito prestigio e potenza. Il popolo italiano è fiero di voi, Saluto al Re! MUSSOLINI (Proclama del Duce alle Forze Armate della Marina e dell'Aeronautica, Quartier Generale delle Forze Armate, 15 agosto 1942).

▲ La portaerei *HMS Eagle* (94), l'11 agosto 1942 fu affondata dal sommergibile tedesco U-73 comandato dal *kapitänleutnant* Helmut Rosenbaum, vista dal ponte di volo della portaerei *HMS Indomitable* dove stazionano aeromobili *Fairey Albacore* e *Hawker Hurricane*, durante un convoglio diretto a Malta (foto Roper, F. G., tratta da https://commons.wikimedia.org/).

▲ Il Canale di Sicilia (*Strasse von Sizilien*), anche le forze aeronavali tedesche furono impiegate nella Battaglia di mezzo agosto (foto tratta da *Der Adler*, op. cit. in bibliografia).

Da parte tedesca, invece, furono diramati comunicati del Comando Supremo delle Forze Armate (trad. ted. *Oberkommando der Wehrmacht*) nei quali si sottolineava la collaborazione italo-germanica:

[…] Questo convoglio… nonostante la fortissima difesa contraerea ed aerea è stato attaccato nel Mediterraneo occidentale dall'11 agosto in continua, ampia ed esemplare cooperazione delle forze alleate aeronavali germaniche e italiane (Comunicato straordinario germanico, Quartier Generale del Führer, 13 agosto 1942).

[…] Il vittorioso combattimento è una pagina di gloria della cooperazione tra le forze alleate dell'acqua e dell'aria e dell'esemplare valore di tutti i soldati che vi hanno partecipato in aereo e a bordo delle navi da guerra (Comunicato straordinario, Quartier Generale del Führer, 15 agosto 1942).

Il Comandante della 281ª Squadriglia, capitano Giulio Cesare Graziani, riportò nella relazione, allegata al foglio di proposta per la Medaglia di Bronzo al Valor Militare (MBVM), la descrizione delle "due successive azioni di siluramento" di Winspeare e che questi era imbarcato "sullo stesso aereo S.M. 79 di Faggioni", quale secondo pilota. Di concorde parere furono il Comandante del 132° Gruppo Autonomo Aerosiluranti maggiore Buscaglia e il Comandante dell'Aeronautica della Sicilia il generale Scaroni. Così il sottotenente Winspeare fu decorato della Medaglia di Bronzo al Valor Militare "sul campo" per aver preso parte alla Battaglia di mezzo agosto, di seguito la motivazione:

> [...] Pilota di velivolo silurante partecipava a due successivi attacchi contro un convoglio nemico scortato da unità da guerra. Incurante della violentissima reazione contraerea e dei ripetuti attacchi della caccia avversaria, sganciava i siluri a breve distanza dagli obiettivi contribuendo ad affondare un incrociatore pesante ed a danneggiare altre unità da guerra e mercantili. Cielo del Mediterraneo 12-13 agosto 1942 – XX (concessione del 1943).

Agli altri membri del suo equipaggio furono concesse una Medaglia d'Argento al Valor Militare e cinque Croci di Guerra al Valor Militare.

Ancora il nipote, Edoardo, ci racconta:

> [...] Credo altresì che…, dopo un primo periodo di entusiasmo guerresco, lo zio avesse subito un fortissimo shock; non so se in una precisa occasione o per aver aperto gli occhi sul vero volto della guerra. Sta di fatto che, da un certo momento in poi, decise che non avrebbe mai più ucciso un essere umano. Per essere fedele a questo voto, quando era in missione sul mediterraneo, sganciava i siluri in mare prima di arrivare all'obiettivo nemico. È una bella storia, sebbene incredibile… Immagino che affrontare ogni giorno la morte lo avesse fatto entrare in una crisi profonda che deve averlo perseguitato fino alla fine della vita… So con certezza che si rifiutò di sganciare le bombe su La Valletta – che, non a caso, era la città dove era nato – e forse proprio questo è stato l'episodio scatenante per la sua conversione al pacifismo (op. cit.).

Dopo questa impresa, il "nostro" fu ufficiale di giornata al Gruppo per i giorni 5 e 23 agosto 1942. Inoltre, gli fu affidato l'incarico di addetto all'ufficio magazzino materiale ordinario. Non brillò nello svolgere quest'ultima mansione, forse, perché lo privava degli azzardi spericolati che si potevano fare nel cielo e per i suoi eccessi di generosità: "[...] ad ogni inventario di fine mese era obbligato e reintegrare, con i soldi suoi, la mancanza di camicie e di *pedalini* che regolarmente mancavano all'appello..." (Aichner, Martino, Il Gruppo Buscaglia, Aerosiluranti italiani nella seconda guerra mondiale, Milano, Mursia, 1991). L'8 settembre 1942, presso l'Aeroporto N. 505 (Gerbini), il sottotenente pilota Carlo Winspeare, della 281ª Squadriglia Aerosiluranti, dichiarò (o dovette dichiarare per poter continuare a servire nella Regia Aeronautica *N.d.A.*) di: non appartenere alla razza ebraica[29], compresi i suoi genitori; non essere iscritto alla comunità israelita; non professare la religione ebraica; professare la religione cattolica apostolica romana; non essersi convertito ad altra religione e non aver mai fatto parte delle associazioni contemplate dalla legge n. 2029[30]. Ai primi di ottobre, il 132° Gruppo Autonomo Aerosiluranti si trasferì da Gerbini a Pantelleria per una

---

29 Erano in vigore le leggi razziali fasciste che furono una serie di provvedimenti legislativi e amministrativi, approvati in Italia tra la fine del 1938 e la prima metà degli anni '40, rivolti soprattutto contro gli ebrei e annunciati per la prima volta da Benito Mussolini il 18.09.1938 a Trieste. Mentre tali provvedimenti furono abrogati nel Regno del Sud all'inizio del 1944, continuarono a restare in vigore nel territorio della RSI fino al mese di aprile del 1945.
30 Trattasi della legge n. 2029 del 26.11.1925 sulla regolarizzazione dell'attività delle Associazioni, Enti ed Istituti e dell'appartenenza ai medesimi del personale dipendente dallo Stato, dalle Provincie, dai Comuni e da Istituti sottoposti per legge alla tutela dello Stato, delle Provincie e dei Comuni.

sosta operativa. Il capitano pilota Giulio Cesare Graziani, Comandante della 281ª Squadriglia Aerosiluranti, scrisse su di lui il seguente rapporto informativo, datato 29 dicembre 1942, presso l'Aeroporto N. 516 (PM 3550) di Trapani-Chinisia dove, verso la metà di dicembre, il 132° Gruppo fu trasferito in occasione degli sbarchi anglo-americani in Marocco ed Algeria:

[…] Ho avuto alle mie dipendenze dal 25/4/1942 al 23/12/1942 il S. Ten. di Complemento WINSPEARE Carlo, di costituzione sana ma eccessivamente gracile. Frequenta gli sport in genere e sa nuotare molto bene. Di carattere franco, buono e leale, di animo generoso e sensibile. Molto cortese e signore con i colleghi, rispettoso con i Superiori poco o nulla autorevole con gli inferiori. La sua personalità di Ufficiale può dirsi non ancora formata. Ottima la sua coltura generale buona invece quella tecnico-professionale. Ufficiale addetto all'Ufficio del Materiale Ordinario non ha svolto le proprie mansioni con sufficiente diligenza parsimonia facendo incorrere il Reparto in due cospicui addebiti. Veste con decoro la divisa. Pilota giovane ancora poco esperto, ma pieno di entusiasmo. Volontario alla specialità Aerosiluranti ove per insufficiente addestramento non ha avuto modo di effettuare azioni quale Capo equipaggio. Durante la Battaglia di Mezzo Agosto ha partecipato a due rischiose azioni cooperando molto bene il Capo equipaggio. Gli è stata concessa una medaglia di Bronzo al V.M. Ha effettuato quale Capo equipaggio lunghe ricognizioni in mare aperto con rientri notturni (op. cit.).

A causa dell'episodio descritto da Graziani, a Carlo Winspeare fu irrogata una punizione: "[…] in occasione del trasferimento del Reparto su altra Base non curava con la dovuta disciplina il versamento dei capi di corredo prelevati, determinando dannose dispersioni". Durante la sua carriera militare, cumulò 6 punizioni (per disobbedienza, allontanamento e violazione disciplinare N.d.A.) tutte condonate in occasione del Ventennale della Marcia su Roma o annullate per compiuto quinquennio[31]. Trattenuto alle armi d'autorità per esigenze militari di carattere eccezionale a decorrere dal 29 ottobre 1942, il 10 dicembre 1942 venne ricoverato nell'ospedale militare di Palermo per malattia cessando così di essere mobilitato e di trovarsi in zona di operazioni, rimanendo però in territorio dichiarato in stato di guerra. Probabilmente, in questa occasione, contrasse una malattia venerea che lo rese sterile. Il 19 dicembre 1942 venne dimesso dal predetto luogo di cura ed inviato in licenza di convalescenza di 30 giorni cessando così di trovarsi in territorio dichiarato in stato di guerra. Durante questo periodo venne assegnato al 14° Gruppo "C" (Complementare) con base a Reggio Emilia il 23 dicembre 1942. Rientrò dalla predetta licenza il 19 gennaio 1943 trovandosi, quindi, nuovamente in territorio dichiarato in stato di guerra e zona di operazioni,

---

31 Di seguito si riportano le date, le autorità che le inflissero, specie, durate e motivazioni delle punizioni:

13/11/41 Com. Aerop. - Capodichino A.S. (arresti semplici N.d.A.) - gg. 5 - "Quale Ufficiale ai voli non si interessava tempestivamente del rastrellamento del campo di volo, dopo un'azione di bombardamento nemico" CONDONATA in occasione del Ventennale della Marcia su Roma (D. M. 39750 del 16-11-1942 XXI)

23/1/42 " " - " A.R. (arresti di rigore N.d.A.) - gg. 5 - "Ufficiale ai voli dalle ore 14 alle ore 15 si rendeva irreperibile ed in seguito lasciava il servizio prima del termine stabilito". CONDONATA in occasione del Ventennale della Marcia su Roma (D. M. 39750 del 16-11-1942 XXI)

15/3/42 " " - " A.S. - gg. 5 - "Ufficiale ai voli si allontanava dall'Aeroporto per circa 2 ore senza autorizzazione del superiore competente". CONDONATA in occasione del Ventennale della Marcia su Roma (D. M. 39750 del 16-11-1942 XXI)

9/10/42 Com. 132° Gruppo Aut. Aerosil. - A.S. gg 3 - "Ufficiale addetto al Materiale Ordinario in occasione del trasferimento del Reparto su altra Base, non curava con la dovuta disciplina il versamento dei capi di corredo prelevati, determinando dannose dispersioni". CONDONATA in occasione del Ventennale della Marcia su Roma (D. M. 39750 del 16-11-1942 XXI)

15/4/1943 Com. 10° Stormo - A.S. gg. 5 - «In volo di addestramento non si atteneva alle norme impartite dal comandante di Squadriglia». ANNULLATA PER COMPIUTO QUINQUENNIO (Art. 26 dell'Od. 3 ediz. 1930-Ristampa 1943)

20/4/43 Dal C.S. - A.S. giorni 3 - «Comandato di turno di volo si presentava con 10 minuti di ritardo». ANNULLATA PER COMPIUTO QUINQUENNIO (Art. 26 dell'Od. 3 ediz. 1930-Ristampa 1943).

▲ L'iconico caccia monoposto monomotore ad ala bassa *Supermarine Spitfire*, probabilmente un modello da ricognizione fotografica, sorvola gli Scogli dei Piccioni presso Beirut in Libano nel 1942. L'aereo era chiamato amichevolmente "Spit" dai britannici. Non di rado accadeva che, velivoli normalmente di base in Medio Oriente, operassero da Malta per portare l'offesa sul territorio del Bel Paese (foto Spurr Algy, g.c. Collezione Brian Spurr).

▼ "Tutto e tutti per la vittoria", francobollo da 50 Cent. della serie imperiale emesso il 12 agosto 1942. Sull'appendice di propaganda di guerra, dedicata alla Regia Aeronautica, sono impressi gli aerei S. 79 che Lindbergh definì "i migliori bombardieri del mondo" (foto autore).

essendo stato mobilitato. In data 20 aprile 1943 fu autorizzato a fregiarsi del distintivo di 1° grado (bronzo) della specialità Aerosiluranti dal Comando dell'Aeronautica della Sicilia. Dal 24 febbraio 1943 fu assegnato al 10° Stormo Bombardamento Terrestre, 32° Gruppo, 57ª Squadriglia, con base all'Aeroporto N. 265 (PM 3200) di Jesi (AN) quale addetto all'ufficio voli, mentre dal 15 luglio 1943 frequentò la Scuola di Volo Senza Visibilità (SVSV) di Cameri[32] in provincia di Novara.

[…] All'annuncio dell'armistizio da parte di radio Algeri, i reparti della Regia Aeronautica restano in balia di sé stessi: nessun ordine era stato preventivamente emanato. Nella Memoria n. 1 del Comando Supremo, diramata ai tre Stati Maggiori il 4 settembre 1943, per l'Aeronautica era scritto: a) I reparti da caccia debbono concentrarsi negli aeroporti del Lazio, le rimanenti specialità in Sardegna e gli aerei non in condizioni di prendere il volo dovranno essere distrutti… Solo lo Stato Maggiore della Regia Aeronautica era a conoscenza di dette disposizioni; alla periferia non giunsero ordini di sorta (Pesce, Giuseppe, L'Aeronautica Italiana nella guerra di Liberazione).

All'indomani dell'8 settembre, il "nostro" trovò riparo presso Villa Boccabianca[33] in località Cupra Marittima (AP) proprietà dei Vinci, suoi amici. Nei diari di "Babka", ovvero la contessa Andreola Vinci Gigliucci[34], si trova traccia della sua permanenza:

[…] il 14 settembre firmano il libro lasciando i loro indirizzi i primi due prigionieri alleati che vengono nascosti: Clifford Irvine e Williams Evans. Poi è la volta di Carlo Winspeare, di Uguccione (Ranieri Bourbon del Monte, tenente artiglieria di complemento *N.d.A.*), Dino Philipson (maggiore artiglieria di complemento *N.d.A.*) e Roberto Bondi (civile, classe 1907)… Venerdì 17 settembre […] Questo pomeriggio, bagnato di sudore e trafelato, è arrivato in bicicletta (che più tardi sarà presa dai tedeschi *N.d.A.*) Carlo Winspeare, scappato dal campo d'aviazione di Jesi (passò le linee deciso ad adempiere al giuramento di fedeltà al re, con il rischio di essere deportato in Germania *N.d.A.*), occupata dai tedeschi con Ancona… Philipson e Carlo Winspeare vorrebbero prendere in affitto una barca per andare al sud perché, fra la strada maestra piena di tedeschi e la Milizia che pare ricominci a funzionare sui treni, non è sicuro viaggiare via terra. Sabato 18 settembre […] Carlo Winspeare ha dolori reumatici e febbre… Martedì 21 settembre […] Carlo Winspeare è a letto con la colite… Lunedì 4 ottobre […] il povero Carlo Winspeare, sempre più magro e pallido, impegnato in un continuo su e giù al W.C. per l'interminabile colite, è il *souffre-douleur* (zimbello) di tutti. Papà (Giorgio Vicino Pallavicino, colonnello cavalleria riserva, stato maggiore esercito *N.d.A.*) lo sgrida, anzi gli urla perché è distratto e strascica i piedi, Uguccione lo tartassa e si esercita su di lui per imparare a fare le iniezioni, Philipson lo prende in giro dicendo che l'hanno rovinato le donne. Martedì 5 ottobre […] Il motorista Pizza è venuto nel pomeriggio a dire che i motopescherecci avevano avuto l'ordine dai tedeschi di consegnarsi ad Ancona e che, per salvare le loro barche, gli armatori hanno tutti preso il largo durante la notte di ieri. Ne rimaneva uno solo che sarebbe partito al crepuscolo e bisognava approfittarne subito. Gran confusione in casa per i preparativi della partenza. […] Carlo Winspeare perdeva tutto, inclusa la testa, per la quale gli ho dato un mio cappuccio che lo faceva sembrare più che mai simile ad un elfo. Mercoledì 6 ottobre […] L'imbarcazione è grande, una di quelle che adoperano per la guardia costiera, ma non hanno trovato i marinai e la nafta non basta. Uguccione

---

32 Prima di tale data la Scuola di Volo Senza Visibilità si trovava a Littoria dove c'era anche il 132° Gruppo e, successivamente fu trasferita a Cemeri (NO). Nello stesso periodo operava un'altra SVSV presso Linate (MI).
33 Una delle principali basi della "Ratberry Line" o "Rat-Line" (da non confondere con le *Rattenlinien* ovvero le vie di fuga seguite dai nazisti e dai collaborazionisti nel dopoguerra per andare, prevalentemente, in Sudamerica *N.d.A.*), usata per liberare ex prigionieri di guerra come coloro che erano detenuti nel Campo per Prigionieri di Guerra 59 (PG59) di Servigliano (FM).
34 Andreola, nata Vicino Pallavicino, sposò il conte Zeno Vinci Gigliucci, era un'artista colta e aveva un diario in cui annotava i principali accadimenti di Boccabianca e dintorni. I coniugi, entrambi antifascisti e anglofili, trascorsero gli anni della guerra nella proprietà di Boccabianca presso la quale diedero rifugio ai prigionieri di guerra (POW) fuggiti ed evasi. Furono anche costretti ad alloggiare, nella stessa proprietà, contingenti tedeschi e fascisti.

e Carlo Winspeare sono rimasti a guardia del natante e sperano di aver tutto pronto per domani. Giovedì 7 ottobre [...] Oggi ha diluviato tutto il giorno... Papà, disgustato, non vuole più avere nulla a che fare con la spedizione ed anche Roberto Bondi, molto scettico, è rimasto a casa. Solo Philipson verso sera è andato a San Benedetto a vedere cosa ne sia dell'imbarcazione. È tornato di ottimo umore. Ha trovato Uguccione e Carlo Winspeare in uno stato pietoso: hanno passato una notte infernale su duri giacigli, al buio, a vomitarsi l'anima dentro l'imbarcazione che saltava sulle onde dell'imboccatura del porto. Dopo cena è venuto in camera e mi ha fatto molto ridere descrivendo le facce distrutte di quei due. Pare che domani ci saranno i marinai, il resto della nafta e tutto l'occorrente per la partenza. Venerdì 8 ottobre [...] Alle 4,30 papà, Philipson e Roberto Bondi si apprestavano a partire quando comparvero Nino Pettenello ed un amico, certo Gianni da Campo, fuggiti da Venezia, dove gli universitari sono costretti a prestare servizio nella milizia (la Guardia Nazionale Repubblicana o GNR *N.d.A.*). Anche loro sono in cammino verso le truppe badogliane. Abbiamo loro proposto di partire subito con gli altri, Philipson, però, non sembrava affatto entusiasta di aggregare alla spedizione quei due giovanotti... 2 novembre [...] Uguccione mi ha raccontato del suo viaggio con papà e compagni: la bussola non funzionava, la nafta era poca e per puro miracolo riuscirono ad entrare piano piano nel porto di Tremiti dove incontrarono una nave inglese. Riforniti di nafta, Philipson, Roberto Bondi e Carlo Winspeare proseguirono per Bari mentre papà e Uguccione s'imbarcarono con gli inglesi. Sbarcarono a Termoli... (Perini, Alessandro, I diari di Babka, 1943-1944 aristocrazia antifascista e missioni segrete, Lulu.com, 2007).

Anche negli Archivi inglesi si trova traccia di questo genere di azioni:

[...] 4. Nov. Un'imbarcazione, che trasportava 5 ex prigionieri di guerra, arrivò a Termoli da San Benedetto. Questo "colpo di mano" era stato organizzato con successo dall'agente FAUSTO[35], di questa Sezione, originariamente sbarcato il 22 ottobre, uno dei sei Agenti che stavano lavorando come una squadra (vedi Piano RATBERRY Sezione "A"). (IS9[36] Progress Report dal 4 al 21 novembre 1943).

Per aver partecipato a questa azione, Carlo Winspeare, fu decorato per la seconda volta della Medaglia di Bronzo al Valor Militare (questa volta concessa dall'Esercito trattandosi di un evento legato alla resistenza *N.d.A.*) con la seguente motivazione:

[...] Sorpreso dagli avvenimenti dell'8 settembre 1943 in territorio occupato dai tedeschi, deciso a mettere la propria attività a servizio della Patria, riusciva con altri quattro animosi ad impadronirsi di una motovedetta al servizio del nemico, a prendere il largo a S. Benedetto del Tronto in ora notturna ed a raggiungere il territorio liberato a Manfredonia, all'alba successiva. La traversata protrattasi per dodici ore era rimessa alla sorte perché privi di qualsiasi esperienza marinaresca muniti di una sola bussola di fortuna e dotati di limitata quantità di carburante. L'imbarcazione sottratta ai tedeschi veniva poi consegnata alla Marina Italiana. Mare Adriatico 8-9 settembre 1943 (*Ministero della Difesa – Esercito – Bollettino Ufficiale – Dispensa 7ª – Anno 1949 – Ricompense*, pag. 1294).

---

35 Fausto Simonetti, nato il 20 febbraio 1921 a Palmiano di Venarotta (AP), studente di medicina e chirurgia. Militare della Regia Aeronautica, forse nel Corpo Sanitario, fu comandante di una formazione partigiana (appartenne alla Banda S. Marco dal 13.09.1943 al 05.10.1943 e alla Banda Stipa dal 06.10.1943 al 06.06.1944) durante i combattimenti di Colle San Marco. Portò in salvo numerosi prigionieri alleati attraverso le linee nemiche curando il collegamento del Comando dell'8ª Armata con le basi delle Marche e degli Abruzzi. Ricercato dei nazi-fascisti, fu catturato in un'imboscata, sottoposto a minacce e torture e, infine, fucilato.

36 Intelligence School 9, chiamata "A" Force su quel fronte, i suoi agenti furono assegnati alla No. 5 Field Section, operante ad est lungo la costa adriatica e comandata dal Capt Andrew George Robb (nato il 20.03.1901 a Dunedin, Nuova Zelanda). I compiti dell'IS9 erano: interrogare i fuggiaschi e gli evasi (E & Es) una volta ritornati, istruire e informare il personale imperiale e americano sulla condotta da seguire da prigionieri di guerra nonché sulla fuga e l'evasione, fornire strumenti e dispositivi per evadere e sfuggire alla cattura, salvare con ogni mezzo tranne che con le armi tutti gli E & Es, segnalare alle autorità gli E & Es meritevoli di onorificenza e coloro le cui azioni siano considerate avverse alle Forze Armate, dare ricompense agli aiutanti civili che abbiano assistito gli E & Es e riferito crimini su di essi.

▲ Alle ore 11.35 del 12.08.1942 partirono gli S. 79 della 258ª Squadriglia Aerosiluranti del 109° Gruppo da Decimo (Decimomannu N.d.A.) per una

[…] Azione di siluram. contro convoglio navale inglese composto di 2. navi portaerei – 2. navi da Battaglia – 6. Incrociatori 14 C.C.T.T. e un numero imprecisato di piroscafi – Violentissima reazione contraerea – violenta reazione aerea. Risultano affon. dall'azione in massa degli apparecchi – 2 piroscafi ed una unità leggiera da guerra – colpiti – una nave da Battaglia – 3 Incrociat. e 2 Piroscafi. Sono stati sostenuti combatt. contro la caccia nemica. Risultano abbattuti – 3 Hurricane più uno probabile – un nostro app. non è rientrato. L'apparecchio è rientrato colpito.

Durata 125', altezza 800, arrivo a Decimo alle ore 13.40 (foto tratta da *Libretto personale di volo* dell'aviere scelto aiuto armiere Sobatti Carlo, op. cit. in bibliografia).

Anche gli altri quattro "Argonauti" che, insieme a lui parteciparono alla traversata a bordo della motovedetta, furono ricompensati con la Medaglia di Bronzo al Valor Militare. Ma come si sentirono gli Aerosiluranti all'indomani dell'armistizio? Le parole seguenti lo spiegano abbastanza bene:

[…] Molti, seguendo il loro istinto, che era stato sempre un istinto di ribellione, andarono al Nord. Ma anche chi andò al Sud portò con sé lo stesso stile di rivolta. Il dramma dell'armistizio fu avvertito soprattutto al sud. Gli aerosiluratori legali non nascosero la loro invidia quando appresero che i "nordisti" (come Carlo Faggioni N.d.A.), gli illegali, i ribelli, potevano ancora battersi con i "gobbi" pieni di gloria e di acciacchi, e continuavano a fare gli aerosiluratori mentre a loro, con i maledetti Baltimore… erano affidati incarichi marginali e non graditi, come quello dei trasporti o come quello dei bombardamenti in zone lontane, in Jugoslavia ad esempio, in appoggio alle bande armate di un condottiero come Tito che ancora molti si ostinavano a considerare nemico giurato degli italiani. (Chiocci, Francobaldo, Gli Affondatori del Cielo, Roma, Ed. Il Borghese, 1972).

Dopo l'8 settembre parte del 132° Gruppo Aerosiluranti (un'altra parte del personale decise di aderire all'Aeronautica Nazionale Repubblicana o ANR N.d.A.) e del 28° Gruppo

▲ Foto scattata, forse, a Pantelleria: sotto l'elica centrale di un S. 79, Carlo Winspeare (a destra) sembra interloquire con Ugo Rivoli (a sinistra) e un sottufficiale (al centro). Si nota il distintivo per il personale degli equipaggi degli Aerosiluranti, cucito sulla giacca da volo del "nostro" (foto g.c. Collezione Edoardo Winspeare).

▶ "Pik As ist Trumpf" (trad. it. *L'asso di picche è la carta vincente*) era il motto che compariva scritto su alcuni velivoli del *Jagdgeschwader* 53 del quale, non a caso, l'asso di picche era il simbolo. Il 12 agosto 1942, i suoi Bf 109 presero parte alla Battaglia di mezzo agosto insieme al 132° Gruppo Autonomo Aerosiluranti e altri reparti aerei italo-tedeschi (foto tratta da https://commons.wikimedia.org/).

da bombardamento, si trasferirono al sud e ricostituirono il 132° Gruppo presso l'Aeroporto di Galatina (LE) che, successivamente, passò alle dipendenze dello "Stormo Baltimore[37]" dell'Aeronautica Cobelligerante Italiana o ICAF (Italian Co-belligerent Air Force) con base presso Campo Vesuvio[38]. Carlo Winspeare, continuò la guerra impiegato in missioni di intelligence con la "A" Force britannica (che si occupava, tra l'altro, anche di disinformazione N.d.A.) come informatore sui movimenti di truppe tedesche oltre la Linea *Gustav* (che attraversò più volte, soprattutto nel primo periodo di operatività di questa N.d.A.), una linea fortificata difensiva costruita dai tedeschi che partendo dalla foce del fiume Garigliano arrivava alla città costiera di Ortona e divideva l'Italia in due: a nord il territorio controllato dalla Repubblica Sociale Italiana e dai tedeschi, a sud il territorio in mano agli Alleati. Nei suoi diari, la contessa Vinci Gigliucci racconta:

> [...] del gentile e poetico Carlo Winspeare, con un viso di ragazzino non ancora maggiorenne e con la testa così fra le nuvole – almeno in apparenza – che difficilmente avrebbe attirato i sospetti dei nazifascisti.

Giunto a Bari, sembra che il "nostro" riprese il suo posto di pilota nella Regia Aeronautica che, intanto, era diventata ICAF. Il 30 settembre 1943 si presentò all'Aeroporto di Gioia del Colle (BA). Fu poi al Comando Nucleo Aeronautica Campania presso la 3ª Base Aerea RAF[39] di Portici (NA) dal 20 ottobre 1943. Il 15 febbraio 1944 fu collocato in congedo ed assegnato in forza al Comando Nucleo Aeronautica Campania. Appartenne, durante la guerra di liberazione, a Comandi, Enti, Reparti Servizi mobilitati ed in zona di operazioni dal 30 settembre 1943 al 14 febbraio 1944. Il 6 aprile 1945 Carlo Winspeare scrisse una lettera di cui si riporta il testo completo:

Napoli 6-IV-45

Il sottoscritto espone quanto segue:

egli è il proprietario di tre case ("Villa Salve", Piazza S. Stefano 6 e Via S. Stefano 4 e 3; quest'ultima casa è ancora requisita ma in realtà non occupata) requisite dal Special Corps (Piazza S. Stefano 6) e 401 Signals (Via S. Stefano 3 e 4). Siccome egli è obbligato da queste circostanze a vivere in una sola camera, e dal momento che non ha una camera per il suo lavoro (ricerche biologiche), egli vorrebbe che almeno una camera sia dissequestrata in Via S. Stefano 4 e un deposito nella stessa casa. La camera che vorrebbe fosse dissequestrata è l'ultima con il camino. Il nome dell'ufficiale comandante dell'unità che attualmente sta occupando la sua casa è il Tenente Colonnello H. M. Kirkaldy Via Tasso 315.

---

37 Il 1° luglio 1944 fu ufficialmente costituito, presso la base di Campo Vesuvio che prese in carico gli aerei Martin 187 *Baltimore*, lo "Stormo Baltimore". Il personale era volontario e composto da circa 630 uomini tra ruolo naviganti e servizi a terra proveniente dal 132° Gruppo Trasporti che a sua volta era originato dal 41° Gruppo Aerosiluranti, dal 104° Gruppo Aerosiluranti e dal 132° Gruppo Aerosiluranti. Il reparto si componeva di due gruppi, il primo guidato dal magg. Erasi e il secondo dal magg. Buscaglia, al quale, dopo due anni di prigionia, era stato subito affidato il comando. Il reparto fu poi trasferito a Campomarino (CB) nel mese di novembre 1944, da dove operò per l'attività bellica inquadrato nella *Balkan Air Force* alle dipendenze del 254 *Wing* della RAF nel teatro dell'Adriatico, con missioni dirette verso i Balcani e la costa istriana. Oggi il 132° Gruppo Caccia Bombardieri Ricognitori è un gruppo di volo dell'Aeronautica Militare in organico al 51° Stormo.

38 Campo Vesuvio, in provincia di Napoli, era un campo d'aviazione provvisorio realizzato dagli anglo-americani in una zona agricola a circa 2 km ad est dei comuni di San Giuseppe Vesuviano e Ottaviano. Lo impiegarono per poco tempo, mentre ripristinavano la pista di Capodichino, danneggiata dai loro stessi bombardamenti. Fu realizzato dal XII *Engineering Command* della *Twelfth Air Force* utilizzando la tecnica, allora consueta, che consisteva nel comprimere il terreno e ricoprirlo con elementi metallici, detti "grelle", profilati e forati. La pavimentazione si estendeva alle aree di rullaggio e la struttura era completata con le tende per gli equipaggi e i tecnici. Il fondo metallico, però, logorava rapidamente gli pneumatici ed era spesso disuniforme, il tutto era peggiorato dal terreno, in polvere fine di pomice vulcanica, che si sollevava sotto il movimento delle eliche provocando danni ai motori e alle parti meccaniche degli aerei.

39 No. 3 Base Personnel Depot Portici, Naples.

Cordialmente

Dott. Carlo Winspeare

"Villa Salve"

Via S. Stefano 4

Napoli

È probabile che il "nostro", oltre ai motivi legati al disagio di dover vivere in una sola camera e a non aver sufficiente spazio per le ricerche biologiche, volesse il dissequestro della sua dimora perché entro pochi mesi avrebbe sposato la donna amata. Ma la risposta del *Headquarters Allied Military Government* fu la seguente:

Quartier Generale

Governo Militare Alleato

Comune di Napoli

21 aprile 1945

Oggetto: Proprietà requisita.   401 BR. SIG. ORGA.

A: Carlo Winspear,

Piazzetta S. Stefano 6 e Via S. (Stefano 3 e 4 *N.d.A.*), Napoli.

1. In riferimento alla sua richiesta datata 6 aprile 1945.
2. Siamo spiacenti che sia impossibile dissequestrare la sua proprietà in questo momento.

Per il Commissario:

LAWRENCE E. KEARIN,

Capitano fanteria,

Aiutante.

In quel momento non era possibile il dissequestro "per motivi di sovraffollamento riguardo la prima unità, e di sicurezza riguardo l'altra".

Finita la guerra, l'8 agosto 1945, la Commissione Ministeriale per il Personale (che aveva competenza in materia di epurazione *N.d.A.*) del Ministero dell'Aeronautica, verbalizzò l'esame del sottotenente A.A.r.n. pilota di complemento Winspeare Carlo della 57ª Squadriglia BT Aeroporto Jesi, che intanto aveva stabilito la propria residenza a Depressa (LE), constatando il

[...] Comportamento all'atto dell'armistizio e nei giorni immediatamente successivi in relazione all'oppressione nemica:

Si è allontanato dall'aeroporto di Jesi ed ha passato le linee (nemiche *N.d.A.*).

Comportamento nel periodo successivo, cioè della costituzione del governo repubblicano, fino al giorno della liberazione della località di residenza o di servizio:

Si è presentato alle autorità legittime IL 2.10.1943.

GIUDIZIO:

Categoria: 1^ - (Prima)

▲ Un "gobbo maledetto" (versione da bombardamento), con eliche tripala; si distingue la gondola ventrale e mancano gli attacchi per i due siluri, in volo sulla munitissima base inglese di Malta. Inizialmente, l'aereo era dotato di motori radiali Piaggio P.XI che furono sostituiti da 3 motori radiali Alfa Romeo 126 RC.34 da 750 CV e, successivamente, Alfa Romeo 128 RC.18 da 860 CV ciascuno (foto tratta da *7 Anni di Guerra, fotostoria del secondo conflitto mondiale visto dalle due parti in lotta*, op. cit. in bibliografia).

▼ "Picchiatelli" o Ju. 87 *Stuka* della 239ª Squadriglia Autonoma Tuffatori del 102° Gruppo ripresi durante la Battaglia di Pantelleria. L'apparecchio in primo piano presenta le sagome delle navi (presunte) affondate e il numero di matricola disegnati sulla deriva; a destra, sullo sfondo, è possibile riconoscere 2 FIAT CR42 "Falco". Gli aerei del 102° Gruppo parteciparono anche alla Battaglia di mezzo agosto (foto tratta da *Aerei italiani contro navi inglesi*, op. cit. in bibliografia).

▲ L'aerosilurante Carlo Winspeare (a sinistra) pronto a partire per una missione di guerra nel Mediterraneo Centrale (foto Luce, tratta da *Stampa Sera*, op. cit. in bibliografia).

▼ Un trimotore S.M. S. 79 versione aerosilurante sorvola a bassa quota, dopo una manovra d'attacco, una nave inglese contrastato da un pesante fuoco di sbarramento della contraerea, si notino il siluro ancora agganciato alla "pancia" dell'aereo e le coccarde alari con i fasci littori di riconoscimento (foto autore).

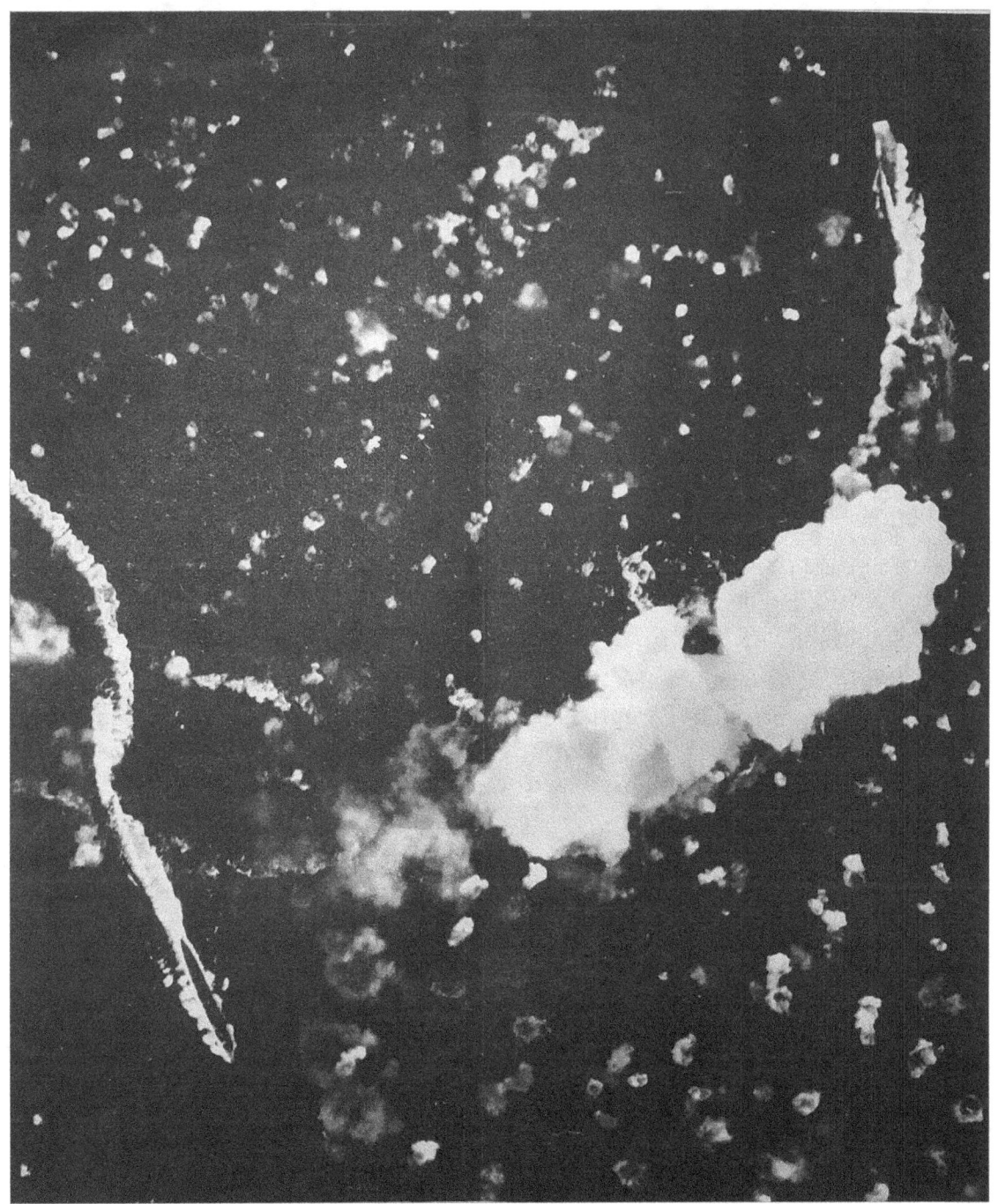
▲ L'infernale fuoco di sbarramento contraereo non fermò l'impeto degli apparecchi italiani attaccanti. Una colonna di fumo sembra levarsi da una portaerei (foto tratta da *La Battaglia del Canale di Sicilia, Mezz'agosto 1942-XX*, op. cit. in bibliografia).

Pertanto, il 5 settembre 1945, il Sottosegretario di Stato del Gabinetto del Ministro, Ernesto Pellegrino, di concorde parere, ascrisse l'ufficiale alla 1ª categoria.

Dal 31 marzo 1946 fu in forza al Comando Nucleo 3ª ZAT per cambiamento di giurisdizione territoriale. L'11 febbraio 1952 fu promosso tenente, con anzianità di grado a decorrere dal 31 dicembre 1945, sebbene il rapporto personale sull'idoneità alla promozione, firmato dal Comandante della 57ª Squadriglia, il capitano pilota Viviano Baronti, sia datato 18 aprile 1943:

> […] Sano e robusto pur essendo di costituzione esile resistente alle fatiche del volo e del campo, anche in condizioni di vita disagiate. Ha passione per gli sport in genere, specie per lo sci; sa nuotare. Giovane serio di pronta intelligenza e buona volontà; laureato scienze naturali ha una cultura vasta e profonda, superiore al grado che riveste che con sistematico studio, va sempre migliorando ed aumentando. Conosce bene la lingua Inglese e Francese, meno bene la Tedesca. Anche le sue cognizioni tecnico professionali sono molto buone e la cultura Aeronautica, spiccata e chiara, lo fa distinguere ed emergere tra gli Ufficiali trattenuti. Sa farsi amare dagli inferiori che tratta con giusto discernimento. Rispettoso verso i Superiori esegue con prontezza, acume e volontà gli ordini che gli vengono affidati e se ne sa accattivare la simpatia. È stato in forza ad una Squadriglia Aerosiluranti dove quale Capo Equipaggio ha eseguito tre ricognizioni lungo le coste Tunisine e sei scorte convoglio. Come secondo pilota ha partecipato alla battaglia di Mezzagosto (12-13 agosto 1942) meritandosi la Medaglia di Bronzo al V.M. "sul campo". Benché non abbia molte ore di volo il S. Tenente Winspeare si è dimostrato ottimo pilota ed abile pattugliere pieno di passione per il volo e volontà di apprendere. Buon camerata verso i colleghi, cordiale e gioviale con tutti. Dotato di spirito d'iniziativa e senso di responsabilità ritengo il S. Tenente WINSPEARE IDONEO alla promozione al grado superiore (op. cit.).

Queste parole denotano, senza ombra di dubbio, la maturità di carattere e il miglioramento delle capacità militari acquisite. Ma come mai il "nostro" fu promosso dopo quasi 7 anni dalla fine della guerra? Sicuramente gli eventi bellici sfavorevoli all'Italia ebbero un certo peso. Una spiegazione la possiamo trovare ancora nelle parole del nipote Edoardo:

> […] Il caso ha voluto che, quarant'anni anni dopo, ho avuto come professore di matematica al liceo (dei Barnabiti di Firenze *N.d.A.*) il suo marconista. Quando il primo giorno di scuola, il professor Mici – così si chiamava – scorrendo con la testa china sul registro l'elenco degli studenti, ha letto il mio cognome, ha alzato lo sguardo e, serio, mi ha chiesto se fossi imparentato con il comandante Carlo Winspeare. Quando ha avuto la conferma che ero suo nipote, mi ha promesso di farmi passare anni d'inferno: "Tuo zio era un pazzo che sganciava il siluro solo quando era vicinissimo alla nave nemica. Noi terrorizzati gli urlavamo di riprendere quota per fuggire veloci al cannoneggiamento ravvicinato della contraerea, ma lui voleva essere sicuro di colpire la nave". Nella mia ingenuità di adolescente ho veramente pensato che, a distanza di quasi mezzo secolo, il professore volesse farmi pagare gli spericolati azzardi dello zio. Passa qualche istante, l'aria truce si stempera in un sorriso: "Ma dopo tutto gli volevo bene…" Per fortuna stava scherzando, e al contrario, mi ha sempre promosso "per meriti di guerra", nonostante fossi un disastro in matematica, tale era la stima e l'affetto verso il suo comandante pilota… Chissà se le sue azioni eccessive fossero un modo per esorcizzare la morte. (op. cit.).

Forse "gli spericolati azzardi dello zio" furono la causa della mancata promozione, nonostante le gesta eroiche sopra descritte. Il 16 ottobre 1951 fu trasferito in forza al Comando della 4ª ZAT per cambio di residenza, successivamente, il 22 giugno 1956 tornò in forza al Comando della 3ª ZAT. Avendo compiuto il 35° anno di età rimase, a domanda, a far parte dell'Arma Aeronautica, ruolo naviganti (12 settembre 1961). Dal 5 aprile 1967 fu trasferito, col proprio grado e la propria anzianità (dal 31 dicembre 1945), nella categoria di riserva di complemento, per raggiunti limiti di età, a decorrere dal 14 marzo 1962. Il 24 ottobre dello stesso anno fu revocato il D.M. datato 5 aprile 1967 relativo al collocamento nella riserva di complemento, fu promosso capitano con anzianità di grado a decorrere dal 31 dicembre

▲ Veduta generale del convoglio diretto a Malta sotto attacco aereo che mostra l'intenso fuoco di sbarramento della contraerea proveniente dal naviglio di scorta e dalle navi mercantili. A sinistra la corazzata *HMS Rodney*, a destra l'incrociatore *HMS Manchester* (foto Roper, F. G., tratta da https://commons.wikimedia.org/).

1956 e, quindi, trasferito nuovamente, col proprio grado e la propria anzianità, nella categoria di riserva di complemento, per raggiunti limiti di età, a decorrere dal 14 marzo 1962 (come sopra). Il 1° luglio 1969 gli venne conferita la qualifica di 1° capitano e dal 5 novembre 1970 si trovò in forza al Comando 3ª Regione Aerea per cambio di residenza (dimorava a Depressa in provincia di Lecce *N.d.A.*). In data 24 agosto 1972 fu decorato per requisiti della Croce al Merito di Guerra (campagna 1940 – 1945, 1ª concessione). Il 15 dicembre 1978 fu collocato in congedo assoluto per età, a decorrere dal 14 marzo 1979. Così Martino Aichner, suo amico dai tempi della scuola di volo e compagno di reparto, descrisse Carlo Winspeare:

[…] Dopo qualche giorno furono assegnati al nostro reparto altri due[40] compagni di corso: Carletto Winspeare di Napoli… col sangue nobile che affiora dalla pelle magra, vive ancora a Napoli e, a distanza di cinque lustri, non è invecchiato nella sua indefinibile età e nell'entusiasmo. Generoso e signore era ed è rimasto un caro amico di ognuno di noi. (Aichner, Martino – Evangelisti, Giorgio, Storia degli aerosiluranti italiani e del gruppo Buscaglia, Milano, Longanesi, 1969).

---

40 L'altro ufficiale era il sottotenente pilota Mario Mazzocca da Tripoli.

Dopo la guerra sposò l'11 luglio 1945 donna Maria Vittoria Colonna dei Principi di Stigliano[41]. Fedele e convinto sostenitore della monarchia, considerava il comunismo[42] come "il fumo agli occhi", durante la campagna elettorale per il referendum sulla forma istituzionale dello Stato del 1946, strappava i manifesti pro repubblica e la moglie dovette perfino andarlo a prendere in questura per essersi azzuffato con i sostenitori dell'altra fazione.

[...] Per molti anni dopo la guerra, ha sfidato la sorte pilotando piccoli aeroplani da turismo con il serbatoio per metà vuoto, per la scommessa di atterrare a motori spenti, una volta esaurito il carburante (op. cit.).

Forse gli mancavano gli azzardi spericolati di un tempo: "Ragazzi, vediamo quanti semafori rossi oggi riusciamo a passare..." (op. cit.) era la frase che diceva ai nipoti, ancora bambini, quando di nascosto li caricava in macchina. Si divertiva ad impaurire i passanti sfiorandoli correndo con l'auto, buttarsi con la macchina nel catrame ancora fumante e disegnare con le ruote un "8" o una "S" lo mandava in visibilio" (mentre gli operai del cantiere lo inseguivano *N.d.A.*), sparare i botti a capodanno suscitava la sua ilarità e quando si recava in Puglia dal fratello Riccardo "Dicky", rompeva puntualmente il cambio all'altezza di Ariano Irpino (AV), chissà per quale motivo...

[...] Fra le sue tante stravaganze c'era il nudismo che... praticava in spiaggia fin dagli anni trenta. Ti puoi immaginare un po' lo scandalo fra i bagnanti di quell'epoca nell'Italia del sud (op. cit.).

Uomo geniale, buonissimo (confermato anche dal padre dello scrivente *N.d.A.*) e simpatico, fin da piccolo mostrò propensione per le materie scientifiche. Appassionato di telecomunicazioni e radioamatore, nella fanciullezza riuscì ad assemblare una radio e, successivamente, un televisore (ma con i fili scoperti *N.d.A.*), ha partecipato alla costruzione di opere grandiose come il centro trasmittente di Monte Vergine (AV) e di diversi ponti radio, ha pubblicato articoli scientifici e tradotto testi dello stesso argomento dall'inglese come "I cromosomi di Michael J. D. White"[43] (traduzione sulla seconda edizione inglese). Riuscì ad istallare un telefono su un'auto, qualcosa di rivoluzionario per l'epoca in cui lo concepì e ad ideare un calcolatore, prototipo degli attuali PC! Però non era capace di accoppiare due calzini dello stesso colore o un paio di scarpe e capitava che si pettinasse i capelli solo da un lato. Un chiaro esempio di genio e sregolatezza. Amava i poveri, coloro che a Napoli

---

41 Maria Vittoria Colonna (27.09.1915-14.09.2011), donna sempre elegante, proveniva da una delle più antiche famiglie d'Italia. Già avvezza alla vita con i militari (suo padre, Giuliano, fu tenente di complemento di cavalleria durante la Grande Guerra e decorato con la MBVM, suo fratello Landolfo ebbe una Promozione per Merito di Guerra in Africa Orientale), sposò Carlo Winspeare pur sapendo che il suo futuro marito non sarebbe mai potuto diventare padre. Gli fu accanto e lo amò teneramente anche dopo che lui andò via di casa. Fra gli anni settanta e ottanta, per 15 lunghi anni, visse da sola nella masseria del Fano vicino a Salve (LE) senza acqua corrente e luce elettrica, circondata da artisti di ogni parte d'Europa e degli Stati Uniti, ai quali aveva prestato le pagliare vicino al torrente Fano per creare l'utopistica Fano Foundation. Maria Vittoria era diventata la protettrice di artisti della controcultura figli degli anni sessanta e, in generale, spiriti liberi che cercavano un rapporto più autentico con la terra e gli uomini. Fra questi sono da ricordare lo scultore Norman Mommens e la scrittrice Patience Gray.
42 La marchesa Maria Vittoria "Tini" Guillion Mangilli (nata Winspeare, Napoli 04.01.1916 – Montebelluna 04.04.2011), cugina di Carlo Winspeare, invece, operava come staffetta sul Monte Grappa con i partigiani della Brigata Matteotti. Nel 1944 fu catturata e messa al muro due volte... Si salvò dalla condanna a morte grazie all'amicizia di sua sorella Adriana con Junio Valerio Borghese, il Comandante della X^a MAS.
43 Michael James Denham White (Londra 10.08.1910 – Canberra 16.12.1983), crebbe in Toscana dove studiò a casa prima di iniziare gli studi universitari presso l'University College di Londra dove divenne lettore in zoologia. Fu poi professore di zoologia all'Università del Texas e professore di genetica all'Università di Melbourne. Concluse la sua carriera all'Australian National University. Nel 1961 fu eletto membro della Royal Society e venne premiato con la Medaglia Linneana nel 1983. I suoi lavori contribuirono allo sviluppo della citologia, citogenetica e speciazione.

▲ La battaglia aeronavale del Mediterraneo dell'11-15 agosto 1942. "Dal mare, ricoperto da chiazze di carburante, cominciarono a levarsi dense colonne di fumo nero". Si noti, a sinistra, l'ala dell'apparecchio dal quale venne ripresa l'azione (foto tratta da *La Battaglia del Canale di Sicilia, Mezz'agosto 1942-XX*, op. cit. in bibliografia).

vivevano nei "bassi" e che non potevano permettersi un pasto normale, per cui non destava sorpresa vederne qualcuno seduto a tavola con lui, portato in casa all'improvviso, senza avvisare la moglie e il personale di servizio che avrebbe fatto il suo meglio, anche improvvisando, per accogliere gli ospiti. Si poneva spesso al centro dell'interesse femminile che veniva contraccambiato con lo stesso entusiasmo, grazie anche alla fama di pilota eroico che lo accompagnava. Profondamente religioso e cattolico praticante, durante le missioni portava sempre con sé la medaglia miracolosa. Egli era anche un fervente devoto di Padre Pio da Pietrelcina (di cui riusciva a sentirne il "profumo" *N.d.A.*), dal quale si recava per confessarsi, forse, per il desiderio di espiare i peccati commessi in guerra. "Rimase un eccentrico idealista, un emulo di San Francesco" (op. cit.) e quando qualcuno gli ricordava le sue nobili origini, rispondeva che "i polpi hanno il sangue blu". Morì a Cavriago in provincia di Reggio Emilia il 7 novembre 2009[44] lasciando la sua eredità alla famiglia di una mistica che si è nutrita per anni dell'ostia consacrata, anch'ella originaria della terra del Santo. In passato un pilota come Carlo Winspeare veniva chiamato "Asso dell'aviazione", oggi diremo che ha frequentato la scuola statunitense di combattimento per piloti soprannominata "Top Gun", ma per me era e sempre sarà il Barone Azzurro. Azzurro come la sua uniforme, come il colore della sua città e come il cielo in cui amava volare.

---

44 Secondo altre fonti, morì a Napoli il 7 novembre 2008.

Attacco eseguito nelle acque dell'Isola dei Cani il 12 Agosto 1942 XX°

EQUIPAGGIO VELIVOLO ATTACCANTE

1) Capitano Pil. RIVOLI Ugo
S. Tenente " ANGELUCCI Ramiro
Maresc. Marc. BALESTRI Edmondo
I° Av. Mot. PASTORI Nello
Serg. M. Arm. CORBU Salvatore

2) Tenente Pil. BARGAGNA Francesco
Serg. M. " MOSCHI Sesto
I° Av. Marc. CIANFARANI Aldo
Av. Sc. Mot. SIROTTI Eno
I° Av. Arm. SCATTIGNA Francesco
Av. Sc. Fot. LUCARINI Alberico

3) Tenente Pil. BARANI Guido
Serg. M. " MAVILIO Fernando
I° Av. Mot. FRANCO Italo
I° Av. Marc. DI MEGLIO Alfredo
Av. Sc. A. Arm. RIGUCCI Pietro
Av. All. Fot. FERRARI Vittorio

4) S. Tenente Pil. MORETTI Vittorio
Serg. M. " ZASA Fulvio
I° Av. Mot. SAVIO Guido
I° Av. Arm. TARTAGLIONE Giuseppe
Av. Sc. Marc. CARIDDI Franco
I° Av. Fot. BELLICONI Settimio

5) S. Tenente Pil. PFISTER Carlo
Serg. M. " TEOTINO Ilario
Serg. M. Mot. BARENGHI Luigi
I° Av. Arm. D'ANGELO Salvatore
I° Av. Marc. SANTINELLO Alfredo

6) S. Tenente Pil. MAZZOCCA Mario
Serg. Magg. " CAPOGROSSI Giuseppe
I° Av. Mot. CERBONCINI Fosco
I° Av. Arm. MANGANO Enrico
Av. Sc. Marc. MALARA Francesco

7) S. Tenente Pil. COCI Giuseppe
Serg. M. " OLIVIERO Andrea
Av. Sc. Mot. BUSETTO Luigi
Av. Sc. Marc. CATALANO Alberto
Av. Sc. A. Arm. SCIBINICO Giuseppe

8) Capitano Pil. GRAZIANI G. Cesare
Maresc. " MARGUTTI Gildo
I° Av. Mot. TAMBURINI Luigi
Serg. Marc. CASELLATO Renzo
I° Av. Arm. GIANANDREA Italo
I° Av. Fot. CUPIRAGGI Francesco

9) Tenente Pil. FAGGIONI Carlo
S. Ten. " WINSPEARE Carlo
Serg. M. Mot. FACCA Ideale
Av. Sc. Marc. CAPALDI Giovanni
I° Av. Arm. GIANNI Italo
Av. Sc. Fot. DANIELLO Loreto

10) Tenente Pil. MARINI Marino
Serg. M. " BORGHI Armando
Maresc. Mot. SACCHI Augusto
Av. Sc. Marc. PICERNO Mario
Av. Sc. Arm. ANDREANI Giuseppe
Av. Sc. Fot. VASCELLARI Ugo

11) Tenente Pil. VINCIGUERRA Pasquale
Serg. M. " ROSCINI Italo
Av. Sc. Mot. FANTUZZI Massimil.
Av. Sc. Marc. PETRAROLI Antonio
I° Av. Arm. ARRIGANELLO Pietro

12) S. Ten. Pil. AICHNER Martino
Serg. M. " SOGLIUZZO Francesco
Av. Sc. Mot. TORELLO Gino
Av. Sc. Marc. DI DARIO Guido
Av. Sc. Arm. DE SANTIS Fausto
Av. Sc. A. Fot. CERRATO Mario

13) Tenente Pil. MANFREDI Paolo
Serg. M. " BERNARDI Luigi
I° Av. Mot. BERTOLINA Giulio
Av. Sc. Marc. BENETOLLO Vinicio
I° Av. Arm. AGOSTA Saverio
Av. Sc. Fot. CARINGELLA Giuseppe

14) Tenente Pil. MIGLIACCIO Aldo
Serg. M. " DEL BIANCO Oreste
Av. Sc. Mot. MONDELLO Salvatore
Av. Sc. Marc. MEOZZI Menotti
I° Av. Arm. DEL PRETE Sossio
Av. All. A. Fot. DE MATTEIS Cesare

CADUTI* DELLA R. AERONAUTICA DURANTE LA BATTAGLIA DI MEZZO AGOSTO 1942						
Grado	Nome	Cognome	Aereo	Gruppo	Squadriglia	Data
Ten. Pil.	Silvio	ANGELUCCI	S. 79 Sil.	105°	255ª	13.08.1942
Ten. Pil.	Guido	BARANI	S. 79 Sil.	132°	278ª	13.08.1942
Ten. Pil.	Alfonso	BATTISTINI	S. 79 Sil.	30°	56ª	14.08.1942
I° Av. Mot.	Giuseppe	CALORENNA	Ju. 87	102°	239ª	12.08.1942
Serg. Pil.	Ugo	CASAVOLA	Ju. 87	102°	239ª	12.08.1942
Serg. Pil.	Giulio	CREMONESI	Ju. 87	102°	239ª	12.08.1942
S. Ten. Pil.	Michele	CRIMI	Re. 2001	2°	362ª	12.08.1942
S. Ten. Pil.	Alessandro	DELLA BARBA	S. 84	38°	50ª	
S. Ten. Pil.	Tullio	DESSÌ	S. 84	38°	50ª	
Ten. Pil.	Bartolomeo	FERRANTE	S. 79	32°	58ª	13.08.1942
Av. All. Fot.	Vittorio	FERRARI	S. 79 Sil.	132°	278ª	13.08.1942
I° Av. Mot.	Italo	FRANCO	S. 79 Sil.	132°	278ª	13.08.1942
Ten. Pil.	Italo	MASINI	Cant. Z. 1007bis	33°	59ª	13.08.1942
Serg. M. Pil.	Fernando	MAVILIO	S. 79 Sil.	132°	278ª	13.08.1942
Cap. Pil.	Giovanni	MOLLO	S. 79	32°	57ª o 58ª	--.08.1942
S. Ten. Pil.	Vittorio	MORETTI	S. 79 Sil.	132°	278ª	12.08.1942
Ten. Pil.	Vittorio Emanuele	OTTAVIANI	Cant. Z. 1007	51°	212ª	
Av. All. Mot.	Giovanni	PARIETTI	Ju. 87	102°	239ª	12.08.1942
I° Av. Marc.	Tullio	PEDEMONTE	S. 79 Sil.	132°	278ª	13.08.1942
Serg. M. Pil.	Oscar	RAIMONDO	Ju. 87	102°	239ª	13.08.1942
Ten. Col. Pil.	Ivo	RAVAZZONI	S. 84	25°	9ª	14.08.1942
Serg. Marc.	Pasquale	ROMBOLÀ	S. 79 Sil.	109°	258ª o 259ª	
Magg. Pil.	Pier Giuseppe	SCARPETTA	Re. 2001	2°	150ª	14.08.1942
Av. Sc. Mot.	Aldo	TARABOTTI	Ju. 87	102°	239ª	13.08.1942
I° Av. Arm.	Giuseppe	TARTAGLIONE	S. 79 Sil.	132°	278ª	13.08.1942
S. Ten. Pil.	Renato	TOSI	B.R. 20	88°	264ª	14.08.1942
Magg. Pil.	Alfredo	ZANARDI	S. 79	109°	258ª o 259ª	--.08.1942

*Ai caduti sopraelencati vanno aggiunti i 2 militari morti in seguito all'azione di mitragliamento dei *Beaufighter* sugli aeroporti di Elmas e Decimomannu al crepuscolo dell'11.08.1942.

▲ Il Comandante della 281ª Squadriglia, capitano pilota Giulio Cesare Graziani (24.01.1915-23.12.1998), nipote del Maresciallo d'Italia Rodolfo, dopo l'abbattimento di Buscaglia nella rada di Bougie, divenne il comandante ad interim del 132° Gruppo Autonomo Aerosiluranti (foto tratta da http://www.istitutodelnastroazzurro.org).

▲ Il tenente pilota Carlo Faggioni (26.01.1915-10.04.1944) era il capo equipaggio dell'S. 79 sul quale era imbarcato anche Winspeare il 12 agosto 1942. Dopo l'8 settembre 1943, aderì all'Aeronautica Nazionale Repubblicana. Morì durante un'azione di attacco al largo di Anzio (foto tratta da https://commons.wikimedia.org/).

▲ S. 79 numero 7 della 281ª Squadriglia, come si evince dalle cifre scritte sulla fusoliera, battezzato "Faà di Bruno" in onore del Comandante Emilio Faà di Bruno (07.03.1820-20.07.1866) caduto al largo di Lissa. La foto, probabilmente scattata presso il campo d'aviazione di Pantelleria nell'estate del 1942, ritrae due componenti dell'equipaggio che discutono presso la porta d'imbarco. Secondo alcune testimonianze di ex appartenenti al reparto, trattasi del velivolo che spesso pilotava Faggioni il quale, durante la Battaglia di mezzo agosto, ebbe Winspeare come secondo pilota (foto tratta da *Gli Aerosiluranti Italiani 1940-1945, I reparti, le macchine, le imprese*, op. cit. in bibliografia).

▼ Un aerosilurante S. 79 si posiziona per il lancio del siluro che trasporta sotto la carlinga, l'obiettivo è la nave da guerra davanti ad esso. I caccia della portaerei sullo sfondo, si adopereranno per contrastare il passo degli aerosiluranti (foto tratta da *La Battaglia del Canale di Sicilia, Mezz'agosto 1942-XX*, op. cit. in bibliografia).

▲ Il cacciatorpediniere britannico di classe F della *Royal Navy HMS Foresight* (H68) affondato il 13 agosto 1942 (foto Royal Navy, tratta da https://commons.wikimedia.org/).

▼ Vista panoramica durante il corso della Battaglia di mezzo agosto dalla finestrella della mitragliatrice laterale, installata in fusoliera su apposito supporto girevole, di un S. 79; in primo piano il collimatore della mitragliatrice Breda-SAFAT (Società Anonima Fabbrica Armi Torino) da 7,7 mm che doveva essere allineato al mirino fisso (foto tratta da *Documentario della battaglia aeronavale di mezz'agosto nel Mediterraneo Centrale*, op. cit. in bibliografia).

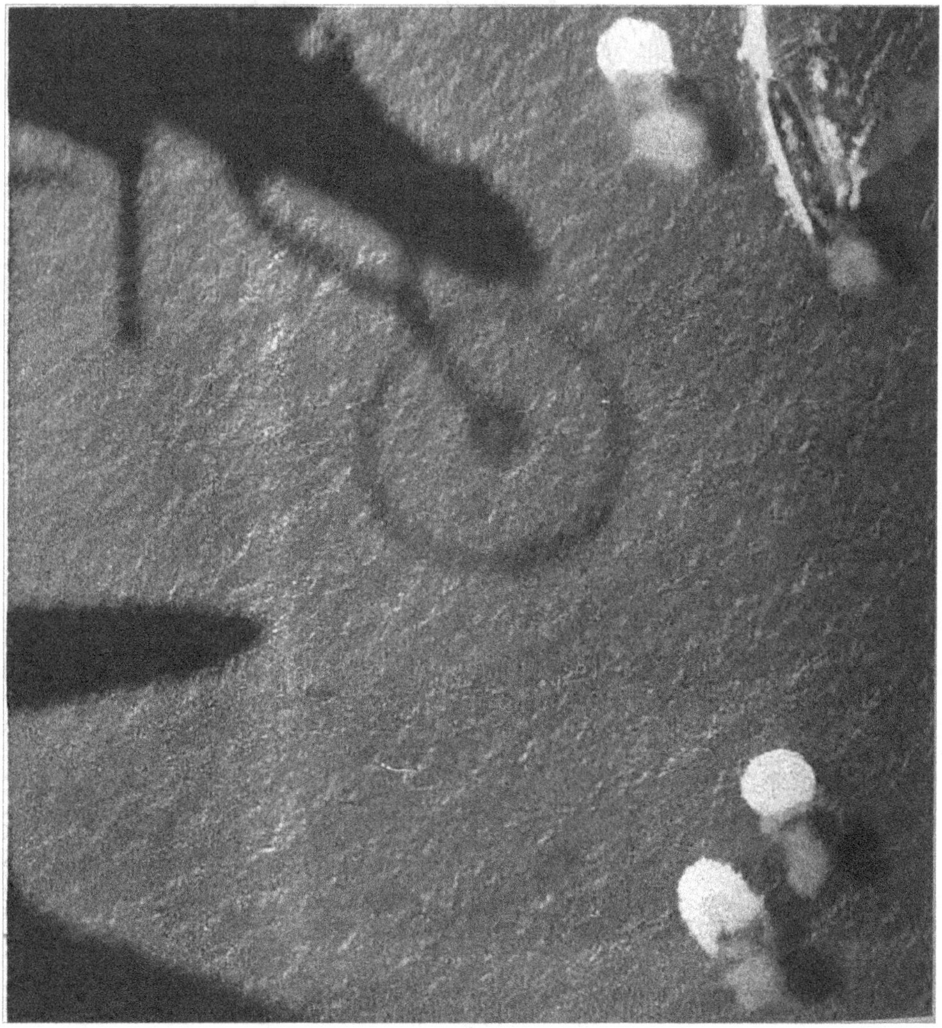

▲ Una pattuglia di aerosiluranti S.79 si appresta a "lanciare" contro le navi del convoglio diretto a Malta (foto tratta da *La Battaglia del Canale di Sicilia, Mezz'agosto 1942-XX*, op. cit. in bibliografia).

▼ La Battaglia del Canale di Sicilia svoltasi dall'11 al 15 agosto 1942. Bagliore di un'esplosione che sembra essersi verificata presso la poppa di una nave. (foto Istituto Luce, tratta da: https://tecadigitaleacs.cultura.gov.it/).

▲ Un cacciatorpediniere, probabilmente di classe F, danneggiato nella zona della prua durante la battaglia aeronavale dell'11-15 agosto1942. Parte della poppa sembra essere stata asportata; per cui fu colpito almeno due volte (foto tratta da *La Battaglia del Canale di Sicilia, Mezz'agosto 1942-XX*, op. cit. in bibliografia).

▼ L'*HMS Foresight* affondò alle ore 09.55 del 13 agosto 1942 al largo di Biserta alle coordinate: 37°40' N 10°00' E (foto tratta da https://www.google.it/).

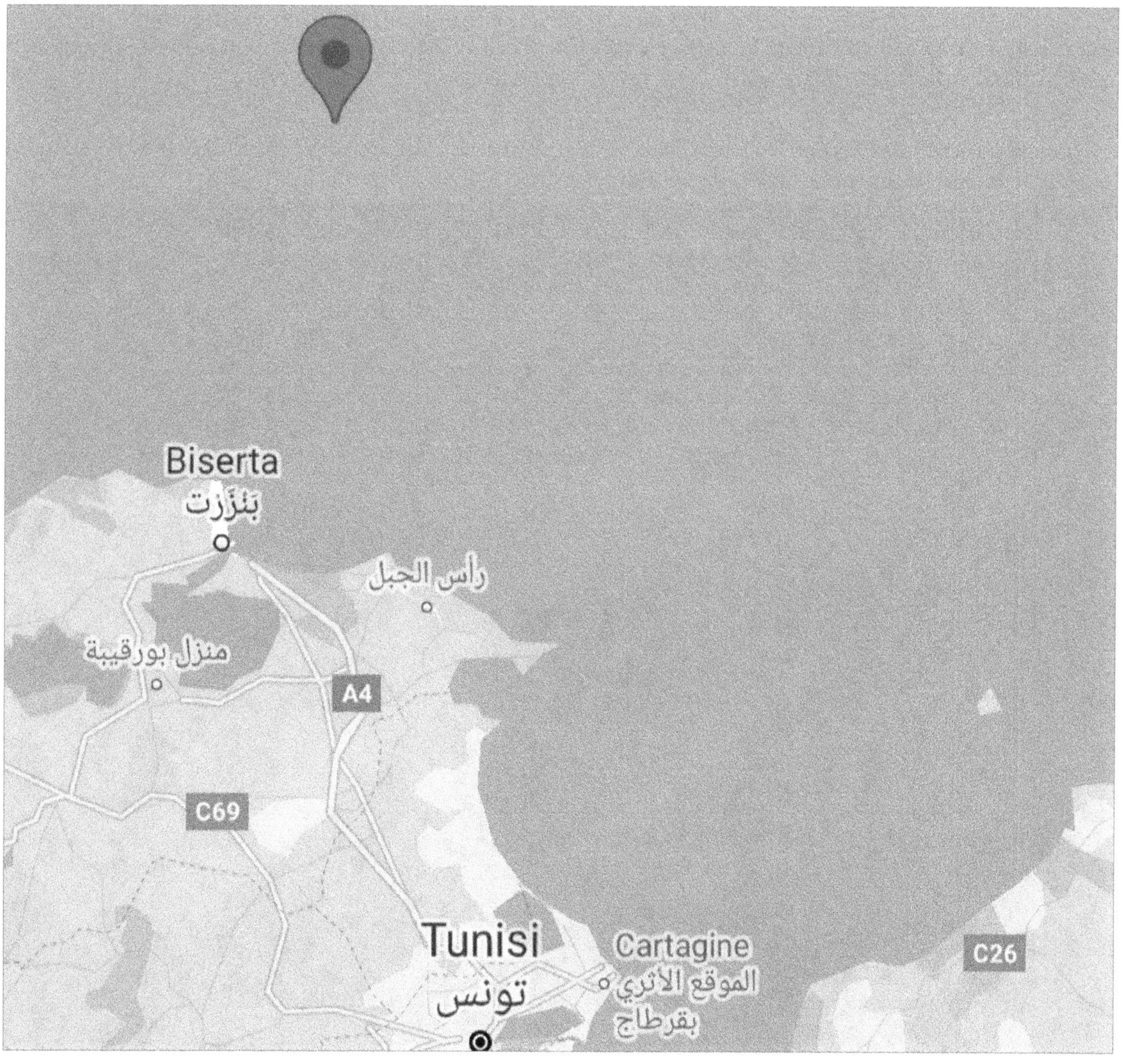

▲ L'equipaggio di un cannone automatico antiaereo QF (che sta per "*quick firing*") 2-pounder MK VIII da 40 mm, conosciuto anche come Pom-Pom multiplo, di un cacciatorpediniere britannico gode di una pausa durante un periodo di calma nell'azione. Quanto ha lavorato la contraerea inglese lo si deduce dalla quantità di bossoli presente sul ponte della nave e dalle facce dei militari (foto tratta da *The Sphere*, op. cit. in bibliografia).

▼ Il campo di volo di Castelvetrano (TP), sede della 278ª Squadriglia, visto dall'alto nell'aprile del 1942 (foto Royal Australian Air Force, tratta da https://commons.wikimedia.org/).

▲ Un aerosilurante S. 79 si getta contro una unità nemica (foto tratta da *La Battaglia del Canale di Sicilia, Mezz'agosto 1942-XX*, op. cit. in bibliografia).

▼ "Alle 11.20 del 13 agosto 1942 gli aerosiluranti italiani eseguirono un attacco combinato con il lancio di mine paracadutate o siluri con rotta a spirale. I siluri furono lanciati dalla lunga distanza eccetto uno che si impigliò nel paramine dell'*SS Port Chalmers*" (Syfret, E. N., Operation "Pedestal", Supplement to The London Gazette of Tuesday, the 10th of August, 1948, op. cit. in bibliografia; foto tratta da https://collections.slq.qld.gov.au/).

▲ Il siluro aeronautico impigliato nel cavo del paramine dell'*SS Port Chalmers*. La nave non poteva rallentare per liberare il siluro per paura che esplodesse contro la fiancata della stessa. Alla fine l'intero paramine fu abbandonato in mare e il siluro esplose sul fondo senza causare danni (foto tratta da https://commons.wikimedia.org/).

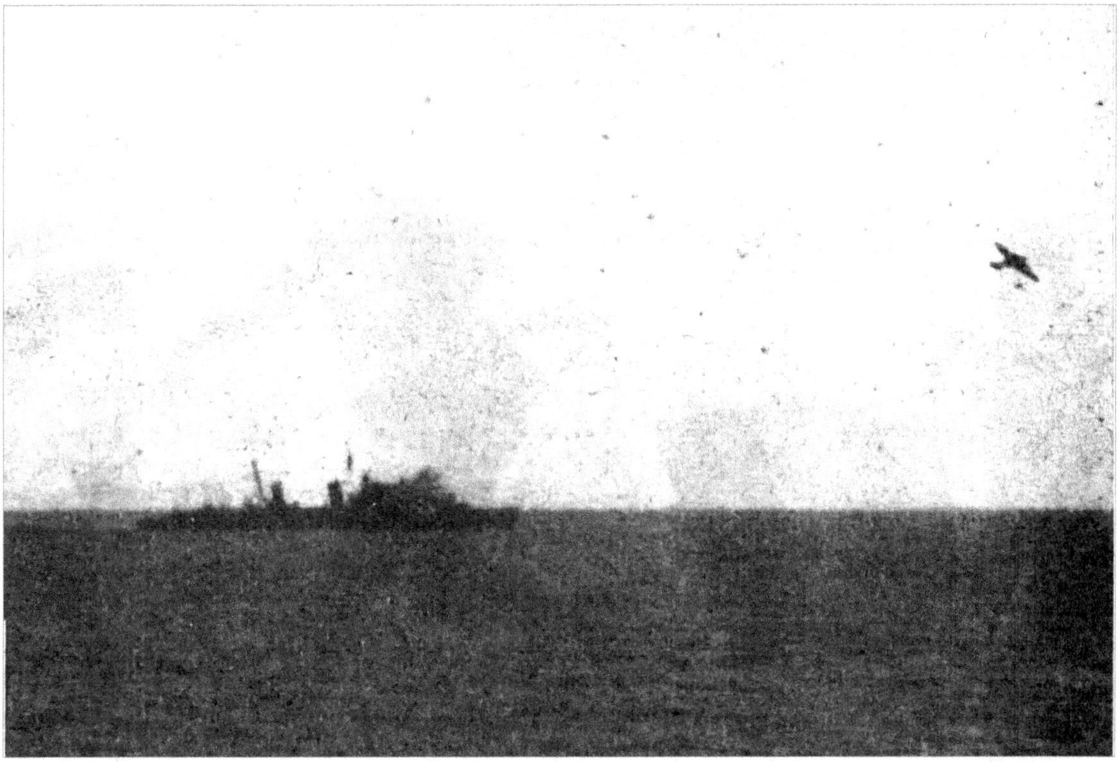

▲ Un bombardiere italiano (a destra), che stava attaccando un cacciatorpediniere britannico, è stato colpito dal fuoco mortale del QF 2-libbre Pom-Pom della nave e tenta con determinazione di fuggire. Qualche minuto più tardi l'aeroplano si schiantò in fiamme nel mare (foto tratta da *The War In The Air* in "The War Illustrated", n. 136, September 4, 1942 op. cit. in bibliografia).

▼ Non si passa nel Mediterraneo, Il convoglio inglese decimato (foto tratta da *Il Piccolo*, op. cit. in bibliografia).

NON SI PASSA NEL MEDITERRANEO

IL CONVOGLIO INGLESE DECIMATO

2 incrociatori, 1 caccia, 10 piroscafi colati a picco - Una corazzata e 2 portaerei gravemente colpite - 32 velivoli nemici abbattuti
I resti della formazione nemica inseguiti dall'aviazione dell'Asse

IL BOLLETTINO STRAORDINARIO N. 808

La "Furious„ arriva a Gibilterra fortemente sbandata, la portaerei americana "Wasp„ incendiata tenta di raggiungere Malta

IL COMUNICATO TEDESCO

Superbo bilancio di due giorni di battaglia

IL DIRETTORIO DEL P. N. F.

AMPIA RELAZIONE DI VIDUSSONI AL DUCE

sulla multiforme opera svolta dal Partito in mezzo al popolo in guerra

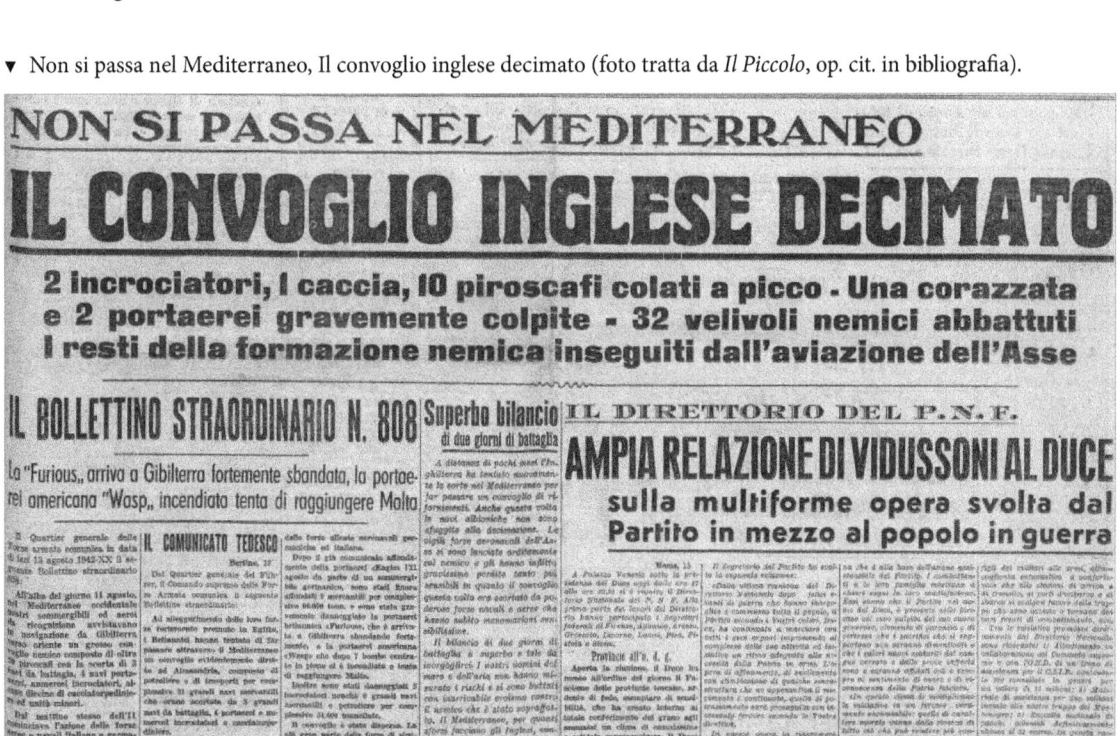

▲ Nave petroliera incendiata dai bombardieri italiani al largo di Capo Mustafà (Tunisia): la scena è ripresa a distanza ravvicinata (foto tratta da *La Battaglia del Canale di Sicilia, Mezz'agosto 1942-XX*, op. cit. in bibliografia).

◄ L'*ober leutnant* Karl-Erich Ritter, nato a Francoforte sul Meno il 03.01.1921, militare di professione del *Küstenflieger Gruppe 806 1. Staff.* (FPN: 31399), disperso con il suo equipaggio l'11.08.1942 dopo che lo Ju. 88A-4 sul quale stava volando fu abbattuto dalla contraerea della *HMS Victorious* durante un tentato attacco nel corso dell'operazione *Pedestal* (foto tratta da *Vermisstenbildlisten*, Suchdienst, Deutsches Rotes Kreuz, 1957).

▲ Alcuni dei 927 sopravvissuti della *HMS Eagle* nuotano tra i relitti prima di essere trasferiti a bordo di un'altra nave di scorta che proteggeva il grande convoglio diretto a Malta. All'inizio della guerra, l'*Eagle*, diede la caccia agli incursori nell'Oceano Indiano. Successivamente, si unì alla Flotta del Mediterraneo e i suoi aerei furono impiegati in operazioni al largo di Tobruch e Forte Capuzzo, presero parte alla Battaglia di Calabria e condussero raid contro gli aeroporti italiani. Nel 1941 attaccava le navi tedesche da rifornimento nell'Atlantico meridionale, ma nel 1942 tornò nel Mediterraneo dove fu affondata dall'*U-Boot* U-73 (foto tratta da *I Was There!* in "The War Illustrated", n. 137, September 18, 1942 op. cit. in bibliografia).

▲ Il *Fl/Sgt* John Harold Tanner, nato a Wellington, Nuova Zelanda, il 21.06.1920 (matricola: RNZAF 41960) del 126 *Squadron*, disperso e poi creduto morto il 13.08.1942 nel Mar Mediterraneo dopo che il suo *Spitfire* VB (numero di serie: EP472) fu abbattuto da un caccia Bf 109 tedesco, mentre era in ricognizione a ovest di Malta, durante l'operazione *Pedestal* (foto tratta da *Auckland Weekly News* del 24.03.1943, pag. 18).

▲ Dopo la splendente vittoria aeronavale del Mediterraneo. Al disopra del convoglio inglese annientato passano rombando le squadriglie italiane (disegno A. Beltrame, tratto da *La Domenica del Corriere, Supplemento illustrato del "Corriere della Sera"*, op. cit. in bibliografia).

▲ Il generale Silvio Scaroni (12.05.1893-16.02.1977), con 26 vittorie confermate ottenute nella prima guerra mondiale, è considerato il secondo asso dell'aviazione italiana. Durante la seconda guerra mondiale fu il Comandante dell'Aeronautica della Sicilia, ma nel 1943 venne da questa allontanato perché in contrasto con il Reichsmarschall Hermann Göring, Comandante in capo della Luftwaffe, per non aver fornito sufficiente supporto all'aviazione tedesca negli attacchi contro Malta (foto tratta da https://commons.wikimedia.org/).

> # Ufficiali, sottufficiali, graduati, marinai e avieri!
>
> Nei giorni 11, 12, 13 agosto voi avete - dopo aspra battaglia - annientato le forze navali nemiche che avevano ancora una volta tentato di avventurarsi nel mare di Roma. ★ Il nemico di solito così reticente e tardivo è stato costretto - data la gravità della sua catastrofe - a confessare le perdite e a riconoscere la vostra splendente vittoria. ★ Schiantate dalle vostre bombe e dai vostri siluri, le sue navi giacciono in fondo al Mediterraneo. ★ I camerati germanici - in fraterna emulazione con voi - hanno giorno e notte combattuto al vostro fianco e inflitto al nemico colpi mortali.
>
> UFFICIALI, SOTTUFFICIALI, GRADUATI, MARINAI E AVIERI! Nel breve ciclo di due mesi voi avete piegato sino alla più cocente umiliazione l'orgoglio di quella che fu un giorno la dominatrice dei mari, ne avete diminuito prestigio e potenza. ★ Il popolo italiano è fiero di voi. ★ Saluto al Re!
>
> *Dal Quartier Generale delle Forze Armate 15 Agosto XX*   **MUSSOLINI**

▲ Il proclama del Duce alle Forze Armate della Marina e dell'Aeronautica, dal Quartier Generale delle Forze Armate, 15 agosto 1942 (foto tratta da *La Battaglia del Canale di Sicilia, Mezz'agosto 1942-XX*, op. cit. in bibliografia).

▼ Il *Grand Harbour* di La Valletta, ovvero il porto principale dell'isola di Malta, un tempo orgoglioso bastione della potenza britannica nel Mediterraneo e un'importante base sulla rotta marittima verso l'India (foto tratta da *Der Adler*, op. cit. in bibliografia).

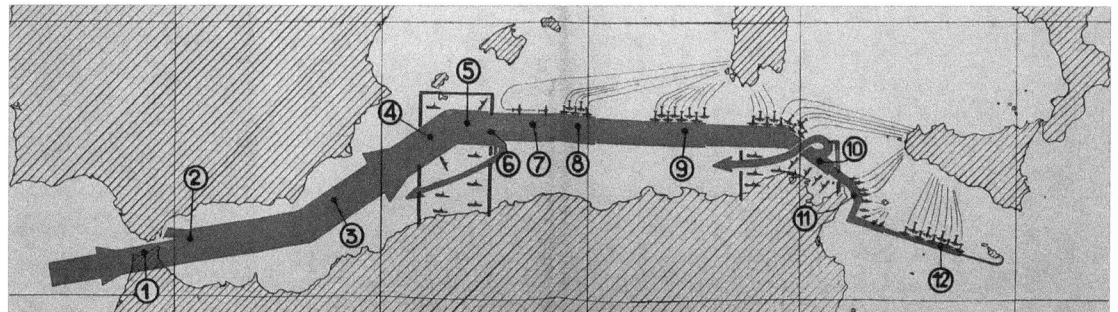

▲ Nella notte sul 10 agosto 1942 un grosso convoglio 1), proveniente dall'Atlantico e diretto a Malta, passò lo Stretto di Gibilterra ed entrò in Mediterraneo. Al suo passaggio le forze navali di Gibilterra 2) si unirono al convoglio per rinforzarne la scorta. Nella notte sull'11 agosto, l'imponente complesso si diresse verso Nordest 3) per passare a Sud di Ibiza delle Baleari, nel Mediterraneo Occidentale. Alle 04.38 dell'11 agosto, il convoglio fu avvistato 4), dal sommergibile Uarsciek che attaccò la portaerei *HMS Furious* con tre siluri mancandola. Verso mezzogiorno fu la volta del sommergibile germanico U-73 5) che colpì con quattro siluri, ed affondò, la portaerei *Eagle*. Poco più tardi 6), la *HMS Furious*, carica dei naufraghi dell'*HMS Eagle*, invertì la rotta e prese la via del ritorno. Durante la giornata dell'11 il convoglio fu seguito dai ricognitori aerei 7) e al tramonto subì un primo attacco degli aerei germanici 8). Sin dalle prime ore del mattino del giorno 12 agosto, il convoglio fu attaccato da formazioni di aerei italiani 9), che gli inflissero perdite e gravi danni. Al tramonto ed a sera del giorno 12, mentre una parte invertì la rotta per rientrare alla base, il convoglio entrò in una zona d'agguato dei sommergibili 10), che lo attaccarono affondando altre navi e colpendone varie. Passato Capo Bon il convoglio entrò nella zona d'agguato dei Mas 11) che, con attacchi protrattisi fino all'alba, affondarono e colpirono altre unità tra cui l'incrociatore *HMS Manchester*, i piroscafi *MV Glenorchy*, *SS Wairangi*, *SS Almeria Lykes*, *SS Rochester Castle*, *SS Santa Elisa*. Dalle prime ore del mattino del 13 agosto le superstiti unità furono ancora colpite 12) dagli aerei italiani e germanici, che affondarono altre navi. Giunsero a Malta solo quattro piroscafi e una petroliera (foto tratta da *La Battaglia del Canale di Sicilia, Mezz'agosto 1942-XX*, op. cit. in bibliografia).

▼ Equipaggio del velivolo, sul quale era imbarcato Carlo Winspeare, che il 12 agosto 1942, nelle acque dell'Isola dei Cani, attaccò "le unità mercantili e da guerra più importanti di un poderoso convoglio proveniente da ponente" (foto tratta dal *Diario Storico del 132° Gruppo Aerosiluranti*, op. cit. in bibliografia).

```
9) Tenente    Pil.   FAGGIONI   Carlo
   S.Ten.      "     WINSPEARE  Carlo
   Serg.M.    Mot.   FACCA      Ideale
   Av.Sc.     Marc.  CAPALDI    Giovanni
   I9Av.      Arm.   GIANNI     Italo
   Av.Sc.     Fot.   DANIELLO   Loreto
```

> WINSPEARE Carlo, da La Valletta (Malta) - Sottotenente pilota.
>
> «Pilota di velivolo silurante partecipava a due successivi attacchi contro un convoglio nemico scortato da unità da guerra. Incurante della violentissima reazione contraerea e dei ripetuti attacchi della caccia avversaria, sganciava i siluri a breve distanza dagli obiettivi contribuendo ad affondare un incrociatore pesante ed a danneggiare altre unità da guerra e mercantili».
>
> Cielo del Mediterraneo, 12-13 agosto 1942-XX

▲ La motivazione della prima Medaglia di Bronzo al Valor Militare concessa al sottotenente pilota Winspeare Carlo (foto tratta da *Ministero dell'Aeronautica – Bollettino Ufficiale 1943 – Dispensa 14ª – Onorificenze e Ricompense*, pag. 872).

▼ A destra, il sottotenente pilota Carlo Winspeare (si noti il distintivo per il personale degli equipaggi degli Aerosiluranti, in tessuto ricamato, cucito sulla giacca da volo) di Napoli, a sinistra il secondo pilota sergente maggiore Armando Borghi (foto g.c. Collezione Edoardo Winspeare).

▲ Carlo Winspeare, indossa un'uniforme sahariana, in un campo d'aviazione. Alle sue spalle vi è una tenda, probabilmente assegnata agli avieri, e una manica a vento immancabile in un aeroporto degno di questo nome (foto g.c. Collezione Edoardo Winspeare).

▲ Carlo Winspeare, fotografato in uniforme mentre legge una rivista dell'epoca, sembra seduto in treno, probabilmente durante una licenza. Si noti il distintivo di pilota, l'aquila rivolta a destra sormontata dalla corona, al di sopra della riga dei nastrini (foto g.c. Collezione Edoardo Winspeare).

PROGRESS REPORT FROM NO. 5 FIELD SECTION
13 NOV 43.

Nov. 4. A sailing boat, bringing 5 ex-P/Ws, arrived TERMOLI from SAN BENEDETTO. This 'coup' had been successfully organised by Agent FAUSTO, of this Section, originally landed Oct 22, one of the six Agents who were working as a team (see Plan RATBERRY Section "A"). They were guided by FAUSTO and accompanied by two helpers. They brought a letter from FAUSTO assuring me that all had arrived safely, arranged r.v.s had been kept, and the Plan was going ahead. Good prospects are assured. The two Helpers will be returned to FAUSTO, as soon as possible.

Nov. 5. Took over officially from Col. WHYTE, and Section 5 now covers a 2 Divisional Front, Eight Indian Div, and 78 Div. Moved to SAN FELICE.

Nov. 7. Contacted Capt. BRYANT, 8 Ind. Div., also Signals. Got latest 'dope' on how things are done, and got details re latest arrivals. Pte. JAMES BELLS, followed the popular route, towards PALMOLI, passing through the hands of no fewer than 9 Helpers on route. Other ex-P/Ws tell of help by Parachutists, i.e. maps, money, etc.

Nov. 8. "POP", a well-tried Agent, sent off across the lines, taking with him the two helpers who accompanied the five ex-P/Ws from SAN BENEDETTO. Contacted Intelligence Representatives of 78 Div. en route to 78 Div HQ. On his advice, the Div HQ being then on the move, did not go on, as nothing was likely to be accomplished. Sent on message by him to G.111(I) Capt. BIRD.

Nov. 9. Another Agent, has already done a job, sent over to contact "POP". HQ 8 Ind Div. moved forward to FURCI.
During 9, 10, and 11 Nov on the 8 Ind Div. roads was almost impossible owing to the weather. Six hour halts were the usual thing, owing to the diversions being almost impassible, the roads being choked up with transport, in one case a 12 hr. block was experienced. I decided that it was better to be forward of Div. H.Q. and work across, so moved from PALMOLI to CUPELLO.

Nov. 12. 2 Agents sent off from FURE, on the c.o.d. basis. Ex-P/Ws are passing through this Div Front at a steady pace. The majority have been given help on the other side. 44 have checked in since Nov 7.

Nov. 13. GALLEO, Agent making his 11th trip, sent off. This man does not work with directions given, but goes off on his own to his own contacts on the other side.
Returned to TERMOLI.
My chief Agent HUGH, head of the Original Six put in at CUPRA MARITIMA, reported back with full account of activities, Plan RATBERRY Section "A" and bringing with him 18 ex-P/Ws, 3 Helpers, and the following story.
"Following successful get-away of the five ex-P/Ws on Nov 4 it was decided to try it again. To keep 2 sailing vessels, which were about to sail, in abeyance, BRUNO, one of my original six, circulated the rumour that fishing vessels arriving at British Occupied Ports without some British P/W, were suspect. This had the desired result, and a promise w

▲ "Un'imbarcazione, che trasportava 5 ex prigionieri di guerra, arrivò a Termoli da San Benedetto". IS9 Progress Report dal 4 al 21 novembre 1943 (foto g.c. Collezione Dennis Hill).

▲ Il campo d'aviazione di Jesi. Alla vigilia dell'ultima guerra il vecchio aeroscalo fu demolito e sulla sua area venne costruito un aeroporto militare che per la lunghezza della pista (1.048 m × 60 m in macadam), il complesso delle caserme e degli hangar e la modernità degli impianti, veniva considerato il secondo d'Italia. Nel 1943 vi era una scuola di pilotaggio di secondo periodo (specialità BT) con aerei del tipo B.R. 20 prima e S.M. 79 poi. Nel maggio di quell'anno risultavano in forza all'aeroporto 46 ufficiali, 83 sottufficiali e 670 uomini di truppa (foto g.c. Collezione Piccola Biblioteca Jesina).

▶ Dino Philipson (26.09.1889-16.10.1972) uno dei 5 "Argonauti" che, dopo l'8 settembre, partecipò alla traversata da S. Benedetto del Tronto a Manfredonia. Nel febbraio 1944 divenne sottosegretario di Stato alla Presidenza del Consiglio dei ministri del Governo Badoglio I. Giudicato inaffidabile dagli Alleati, continuò ad esercitare la sua funzione grazie all'intervento di Violet Hoffnung. Dopo la fine della guerra fu deputato alla Consulta Nazionale (foto tratta da https://dati.camera.it/).

▶ La motivazione della Medaglia di Bronzo al Valor Militare con la quale Carlo Winspeare fu decorato per la seconda volta (*Ministero della Difesa - Esercito - Bollettino Ufficiale - Dispensa 7ª - Anno 1949 - Ricompense*, pag. 1294).

WINSPEARE Carlo fu Sarauw Clara, da La Valletta (Malta), classe 1917, sottotenente pilota arma aeronautica.
   Sorpreso dagli avvenimenti dell'8 settembre 1943 in territorio occupato dai tedeschi, deciso a mettere la propria attività a servizio della Patria riusciva con quattro altri animosi ad impadronirsi di una motovedetta a servizio del nemico, a prendere il largo a S. Benedetto del Tronto in ora notturna ed a raggiungere il territorio liberato a Manfredonia all'alba successiva. La traversata protrattasi per 12 ore e rimessa alla sorte perchè erano privi di qualsiasi esperienza marinaresca, muniti di una semplice bussola di fortuna e dotati di limitata quantità di carburante. L'imbarcazione sottratta ai tedeschi veniva poi consegnata alla marina italiana. — Mare Adriatico, 8-9 settembre 1943.

▲ Uguccione Ranieri di Sorbello (22.02.1906-28.05.1969) in tenuta da tenente d'artiglieria (c. 1928) un altro dei 5 "Argonauti" che, dopo l'8 settembre, partecipò alla traversata da S. Benedetto del Tronto a Manfredonia. Tra l'inverno del 1943 e la primavera del 1944 organizzò la Rat-Line in territorio marchigiano, grazie alla quale centinaia di prigionieri alleati furono tratti in salvo (foto g.c. Collezione Archivio Fotografico, Fondazione Ranieri di Sorbello, Perugia via D. Brillini).

▲ Il colonnello di cavalleria riserva, stato maggiore esercito, Giorgio Vicino Pallavicino (classe 1879) era il padre di Andreola ed il più anziano dei 5 "Argonauti" (foto tratta da *I diari di Babka, 1943-1944 aristocrazia antifascista e missioni segrete*, op. cit. in bibliografia).

▼ Un S.M. 79 "Sparviero" dell'Aeronautica Cobelligerante Italiana o ICAF (Italian Co-belligerent Air Force) in Italia meridionale nel 1943; i fasci littori di riconoscimento sono stati sostituiti dalle coccarde tricolori secondo il modello della RAF (foto Spurr Algy, g.c. Collezione Brian Spurr).

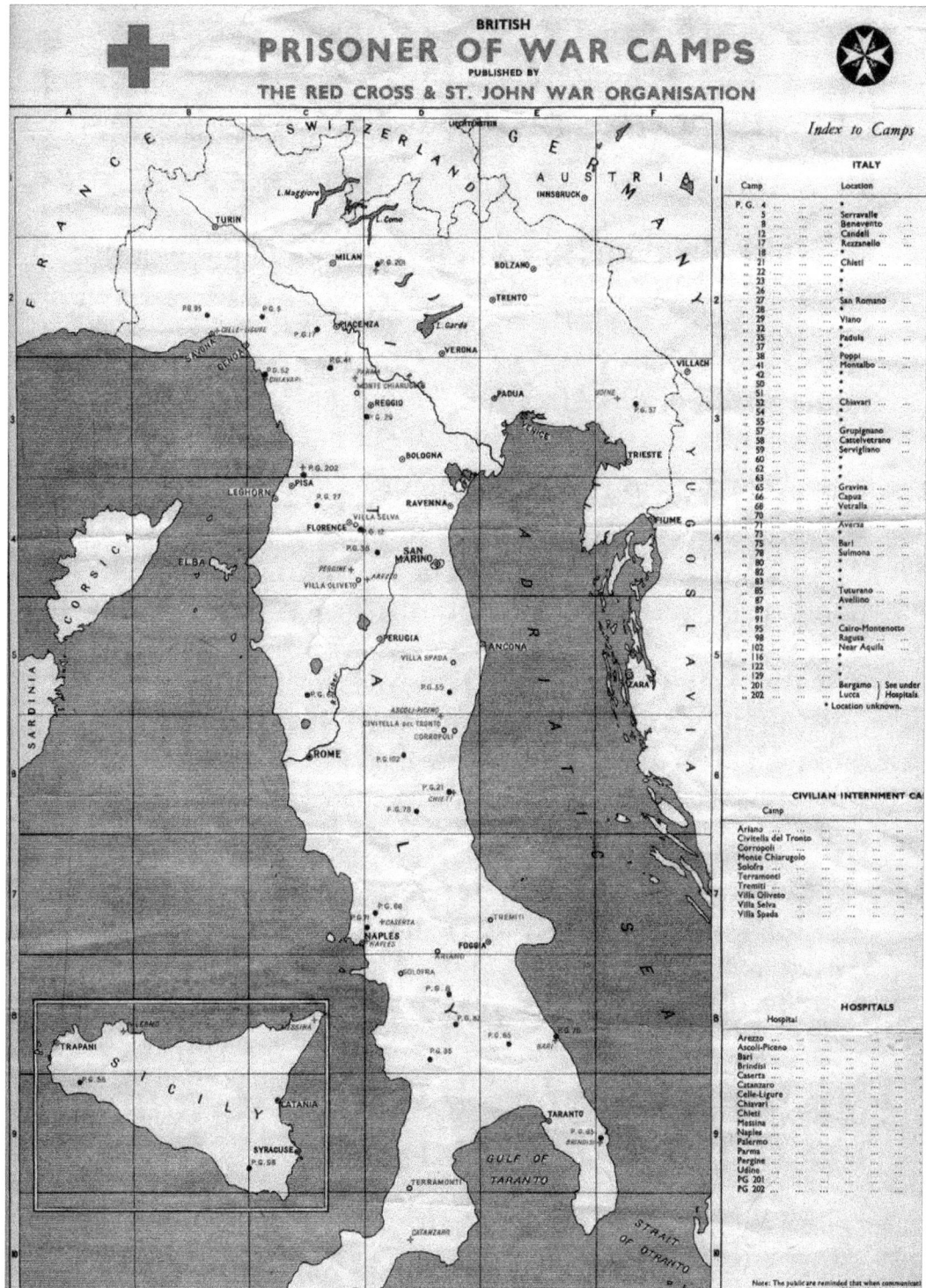

▲ La mappa, pubblicata dall'Organizzazione Congiunta di Guerra della Croce Rossa Britannica e dell'Ordine di San Giovanni (quest'ultimo chiamato anche Ordine di Malta), indica i campi per prigionieri di guerra britannici in Italia come il Campo per Prigionieri di Guerra 59 o PG59 di Servigliano (FM). Villa Boccabianca era una delle principali basi della "Ratberry Line" o "Rat-Line", usata per liberare ex prigionieri di guerra (foto tratta da https://museumandarchives.redcross.org.uk/).

ITALIANI!

Molti prigionieri inglesi e americani, riusciti a sfuggire dalle **mani dei Tedeschi** e a raggiungere l'Italia Libera, ci riferiscono di innumerevoli casi in cui amici italiani li hanno aiutati a sottrarsi al comune nemico, nascondendoli, fornendo loro cibo e vestiti e, infine, guidandoli verso la salvezza.

Il Governo Italiano, risoluto a proseguire, con ogni mezzo a sua disposizione, la guerra contro i Tedeschi, desidera che tutti gli Italiani sappiano che il patriottismo e la generosità di quanti aiutino soldati, aviatori e marinai inglesi o americani a rifugiarsi nell'Italia Libera, saranno ricompensati con un premio di lire cinque mila. Il premio sarà versato per tramite della Prefettura locale, non appena liberato dall'oppressore tedesco il territorio sotto la sua giurisdizione.

Abbiate cura di prender nota dei nomi e, possibilmente, dei numeri di matricola dei prigionieri inglesi e americani che salvate, assicurandovi che anche essi, a loro volta, abbiano i vostri nomi.

OGNI SOLDATO INGLESE O AMERICANO RESTITUITO ALLA LIBERTÀ, SIGNIFICA UN TEDESCO DI MENO

FUORI I TEDESCHI!

▲ Manifesto del Governo Italiano con il quale desiderava far sapere a tutti gli Italiani che il patriottismo e la generosità di quanti avrebbero aiutato soldati, aviatori e marinai inglesi o americani a rifugiarsi nell'Italia Libera, sarebbero stati ricompensati con un premio di L. 5.000 (foto tratta da *I diari di Babka, 1943-1944 aristocrazia antifascista e missioni segrete*, op. cit. in bibliografia).

▲ Fausto Simonetti (20.02.1921-06.06.1944), già militare della Regia Aeronautica, fu comandante di una formazione partigiana durante i combattimenti di Colle San Marco. Quale agente dell'IS9 (emanazione del British Directorate of Military Intelligence Section 9 o MI9), chiamata anche "A" Force, portò in salvo numerosi prigionieri alleati attraverso la Ratberry Line curando il collegamento del Comando dell'8ª Armata con le basi delle Marche e degli Abruzzi. Ricercato dei nazi-fascisti, fu catturato e, sottoposto a minacce e torture, fucilato (foto tratta da https://www.movm.it).

▲ Il capitano Andrew George Robb (20.03.1901-_.12.1974), comandante della No. 5 Field Section del IS9 o "A" Force. Il 2 novembre 1943, da Termoli, fece sbarcare quattro agenti del Team Ratberry "A" (Uguccione Ranieri, "Don Carlo" Orlandini, Ermanno Finocchi e Andrea Scattini); il 3 novembre essi raggiunsero Post "A" (Villa Boccabianca in località Cupra Marittima) dove si unirono all'agente Fausto Simonetti che li attendeva (foto g.c. Collezione Dennis Hill).

▲ Un S. 79 III Serie, senza la gondola di puntamento, appartenente alla 2ª Squadriglia del Gruppo "Buscaglia" dell'Aeronautica Nazionale Repubblicana (ANR), con una livrea presumibilmente verde scuro e i simboli nazionali parzialmente cancellati per le operazioni notturne, si prepara per una missione dalla base di Lonate Pozzolo (VA). È possibile scorgere il tricolore "repubblicano" sulla fusoliera e due fasci littori stilizzati delimitati da un quadrato, sull'ala del velivolo (foto tratta da *Regia Aeronautica, Vol. 2*, op. cit. in bibliografia).

▼ La cabina di pilotaggio di un aeroplano "Savoia-Marchetti" S. 79, sono visibili il cruscotto piloti e la piantana comandi motori (foto tratta da *Aeroplano "Savoia-Marchetti" Tipo S. 79*, op. cit. in bibliografia).

▲ Distintivo da occhiello in metallo smaltato, per abito civile, che riproduce i due nastrini relativi alle due Medaglie di Bronzo al Valor Militare, appartenuto a Carlo Winspeare (foto autore).

▼ Eruzione del vulcano Vesuvio (1.281 m) vista da un aeroporto ai suoi piedi, sullo sfondo un SAIMAN 202 "camuffato" (foto tratta da https://catalog.archives.gov/).

▲ Un'altra foto di Carlo Winspeare con il grado di tenente dell'Aeronautica Militare in alluminio cucito sulla giacca da volo (foto g.c. Collezione Edoardo Winspeare).

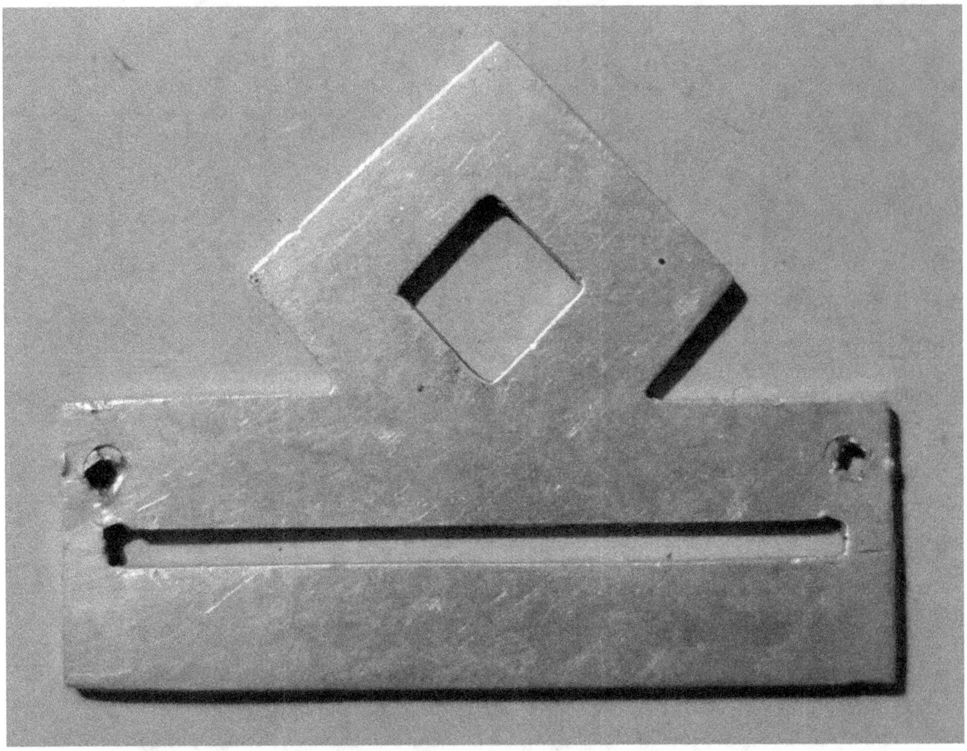

▲ Grado di tenente dell'Aeronautica Militare in alluminio, era cucito sulla giacca da volo di Carlo Winspeare, come da evidenza fotografica (foto autore).

▼ Grado da manica di tenente dell'Aeronautica Militare, ricamato in canutiglia, era cucito sull'uniforme di Carlo Winspeare (foto autore).

▲ Diploma della Croce al Merito di Guerra (1ª concessione) e la relativa medaglia con la quale Carlo Winspeare fu decorato il 24 agosto 1972 (foto g.c. Collezione Edoardo Winspeare).

▲ Villa Salve (sec. XVIII) sulla collina del Vomero, dove un tempo passava via S. Stefano già via Puteolana *per colles*, era la dimora partenopea di Carlo Winspeare. Durante la Seconda Guerra Mondiale, data la posizione strategica, la villa fu requisita dai tedeschi e, successivamente, dagli Alleati (*Special Corps* e 401 *Signals*). L'autore ebbe la fortuna di abitarci (foto autore).

▼ L'11 luglio 1945 Carlo Winspeare sposò Donna Maria Vittoria Colonna dei Principi di Stigliano. Sullo sfondo è possibile distinguere parte della Chiesa di Santo Stefano nel complesso residenziale che, all'epoca, era di proprietà dei Winspeare. Gli abiti indossati dagli sposi, sebbene eleganti, dimostrano, con la loro semplicità, i tempi difficili in cui vivevano: la guerra in Europa era finita da appena due mesi e l'Italia ne uscì devastata (foto g.c. Collezione Edoardo Winspeare).

Naples 6-IV-45

The undersigned exposes the following:
he is the owner of three houses (Villa Salve, Piazza S. Stefano 6 and Via S. Stefano 4 and 3; this last house is still requisitioned but actually not occupied) requisitioned by Special Corps (Piazza S. Stefano 6) and 401 Signals (Via S. Stefano 3 e 4). As he is obliged by these circumstances to live only in one room, and as he has no room for his work (biological research), he would like to have at least one room derequisitioned in Via S. Stefano 4 and a depot in the same house. The room he would like to be derequisitioned is the last one with the fireplace.
The name of the C.O. of the unit actually occupying his house is Lt. Colonel H. M. Kirkaldy, Via Tasso 315.
Yours truly
Dr. Charles Winspeare
"Villa Salve"
Via S. Stefano 4
Naples

▲ Lettera di Carlo Winspeare del 06.04.1945 e indirizzata all'Headquarters, Allied Military Government, Naples, con la quale chiese la derequisizione di almeno una camera e un deposito, a "Villa Salve" in via S. Stefano 4, in modo da poter continuare il suo lavoro di ricerca biologica. In data 21.04.1945, il Governo Militare Alleato rispose rammaricandosi che, al momento, era impossibile derequisire la sua proprietà (foto ACC, tratta da: https://tecadigitaleacs.cultura.gov.it/).

▶ Il professore Renato Caccioppoli ritratto nel dipartimento di matematica (oggi intitolato in sua memoria) dell'Università degli Studi di Napoli "Federico II". Carlo Winspeare fu suo allievo (foto tratta da https://commons.wikimedia.org/).

▲ Ritratto di Carlo Winspeare in uniforme della Regia Aeronautica dal colore tipicamente azzurro (foto g.c. Collezione Edoardo Winspeare).

La prima pagina dello stato di servizio di Carlo Winspeare, tale documento è stato di grande importanza per la ricostruzione delle vicende del "nostro" (foto g.c. Collezione Edoardo Winspeare).

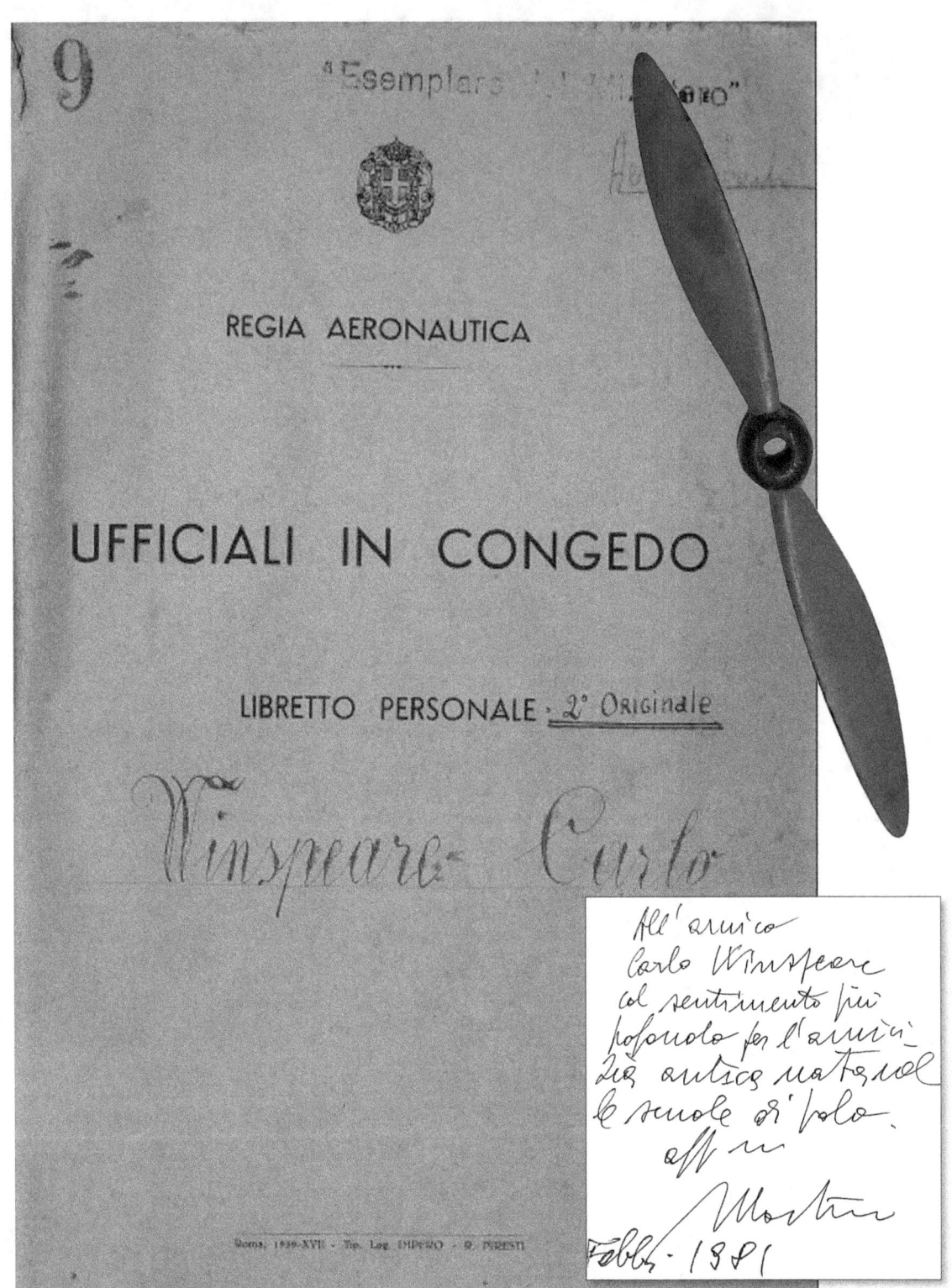

▲ La copertina del libretto personale di Carlo Winspeare, anche questo documento si è rivelato fondamentale per la ricostruzione delle vicende del protagonista (foto g.c. Collezione Edoardo Winspeare).
A lato in alto: Elica bipala di un modellino di legno dell'aeroplano da caccia e da addestramento IMAM Ro. 41 appartenuto a Carlo Winspeare, il primo aereo militare che il "nostro" pilotò (foto autore). A lato in basso: La dedica che Martino Aichner scrisse sulla copia del suo libro donata a Carlo Winspeare (foto autore).

BIBLIOGRAFIA

Aichner, Martino, *Il Gruppo Buscaglia, Aerosiluranti italiani nella seconda guerra mondiale*, Milano, Ugo Mursia Editore, 1991.

Aichner, Martino – Evangelisti, Giorgio, *Il Gruppo Buscaglia e gli aerosiluranti italiani*, Milano, Longanesi & C., 1972.

Aichner, Martino – Evangelisti, Giorgio, *Storia degli aerosiluranti italiani e del gruppo Buscaglia*, Milano, Longanesi & C., 1969.

Angelucci, Enzo, *Gli Aeroplani*, Milano, Arnoldo Mondadori Editore, 1972.

AA.VV., *Nei Cieli di Guerra, La Regia Aeronautica a colori 1940-45*, Milano, Giorgio Apostolo Editore, 1996.

Biagini, A. – Rainero R. H., (A cura di), *L'Italia in Guerra, Il Terzo Anno - 1942*, Commissione Italiana di Storia Militare, Roma, Stabilimento Grafico Militare Gaeta, 1993.

Bonvicini, Guido, *Carlo Faggioni e gli aerosiluranti italiani*, Milano, Cavallotti Editori, 1987.

Chiocci, Francobaldo, *Gli Affondatori del Cielo*, Roma, Ed. Il Borghese, 1972.

Collegio Araldico, *Libro d'Oro della Nobiltà Italiana*, edizione XXV (2015-2019), Roma, Ettore Gallelli Editore, 2014.

Cuthbert Rexford-Welch, Samuel, *The Royal Air Force Medical Services,* Vol. 3, London, Her Majesty's Stationery Office, 1958.

D'Amico, F., Valentini, G., *Regia Aeronautica*, Vol. 2, Carrollton, Squadron/Signal Publications, 1986.

Fioravanzo, Giuseppe, *Le azioni navali in Mediterraneo, dal 1° aprile 1941 all'8 settembre 1943*, Vol. V della serie "La Marina Italiana nella Seconda Guerra Mondiale", Roma, Ufficio Storico della Marina Militare, 1970.

Hastings, Max, *La Battaglia di mezzo agosto, Operazione Pedestal, 1942: la flotta che salvò Malta*, Vicenza, Neri Pozza Editore, 2023.

Hillgruber, Andreas, (A cura di), *Kriegstagebuch des Oberkommandos der Wehrmacht, (Wehrmachtführungsstab), Band II: 1. Januar 1942 - 31. Dezember 1942*, Frankfurt am Main, Bernard & Graefe Verlag für Wehrwesen, 1963.

Llewellyn-Jones, Malcom, *Operation Pedestal, Convoy to Malta, August 11-15 1942*, s.l., Naval Historical Branch, 2012.

Mattesini, Francesco, *Gli aerosiluranti italiani e tedeschi nella seconda guerra mondiale (1940-1945)*, Vol. 2, Zanica, Soldiershop Publishing, 2022.

Mattesini, Francesco, *La battaglia aeronavale di Mezzo Agosto*, Roma, Edizioni dell'Ateneo, 1986.

Ministero dell'Aeronautica, *Aeroplano "Savoia Marchetti" Tipo S. 79*, Roma, Società Italiana Aeroplani e Idrovolanti "Savoia-Marchetti" Sesto Calende.

Ministero dell'Aeronautica, *Catalogo Nomenclatore per Aeroplano Caproni 313 da Ricognizione e medio Bombardamento*, Milano, Ufficio Pubblicazioni Tecniche della Aeroplani Caproni S. A., 1942.

Ministero della Cultura Popolare, (A cura del), *La Battaglia del Canale di Sicilia, (Mezz'agosto 1942-XX)*, Roma, Istituto Romano di Arti Grafiche, 1942.

Molteni, Mirko, *L'aviazione italiana 1940-1945, Azioni belliche e scelte operative*, Bologna, Odoya, 2018.

Niccoli, Riccardo, *Aerei*, Novara, Istituto Geografico De Agostini, 2000.

Perini, Alessandro, *I diari di Babka, 1943-1944 aristocrazia antifascista e missioni segrete*, s.l., Lulu.com, 2007.

Rogers, Anthony, *Siege of Malta 1940-42*, London, Greenhill Books, 2020.

Roskill, S. W., *The War at Sea 1939-1945, Vol. II, The Period of Balance*, London, J. R. M. Butler, 1956.

Santoro, Giuseppe, *L'Aeronautica italiana nella seconda Guerra mondiale*, Milano-Roma, Edizioni Esse, 1966.

Sponza, Ottone, *Nato per volare*, Milano, Giorgio Apostolo Editore, 1998.

Stato Maggiore della R. Aeronautica, Ufficio Aerosiluranti, *Manuale del silurista di aeronautica*, Roma, Istituto Poligrafico dello Stato, 1942.

Unia, Carlo, *Storia degli Aerosiluranti Italiani*, Roma, Bizzarri, 1974.

Vadalà, Francesco, *L'Aeronautica a Benevento*, Benevento, Edizioni Realtà Sannita, 2009.

Riviste e giornali

Aerei italiani contro navi inglesi in Supplemento a "Le vie dell'aria", n. 24, 21 giugno, 1942.

Aerosilurante italiano pronto alla partenza in "Stampa Sera", anno 76, n. 181, Torino, giovedì venerdì, 30-31 luglio, 1942.

Alberghini Maltoni, Luciano, *Lo Stormo dei "quattro gatti", l'ultimo stormo bombardieri della Regia Aeronautica* in "Storia Militare", marzo 2002.

Bassi, Mario, *Supremo e disperato sforzo nemico per tentare il rifornimento di Malta* in "La Stampa", anno 76, n. 194, Torino, venerdì, 14 agosto, 1942.

Beltrame, A., (Disegno di) in "La Domenica del Corriere, Supplemento illustrato del Corriere della Sera", anno 44, n. 34, 23 agosto 1942.

Bianchi, Fabio – Maraziti, Antonio, *Gli Aerosiluranti Italiani 1940-1945, I reparti, le macchine, le imprese* in "Storia Militare Dossier", n. 14, maggio - giugno 2014.

Bollettino N. 804 in "il Resto del Carlino", anno 58, n. 191, Bologna, martedì, 11 agosto, 1942.

Bollettino N. 805 in "il Resto del Carlino", anno 58, n. 192, Bologna, mercoledì, 12 agosto, 1942.

Bollettino N. 806 in "Cronache della Guerra", Roma, Anno IV, N. 34, 22 agosto 1942.

Bollettino N. 809 in "Stampa Sera", anno 76, n. 194, Torino, venerdì sabato, 14-15 agosto, 1942.

Bollettino N. 810 in "il Resto del Carlino", anno 58, n. 195, Bologna, lunedì, 17 agosto, 1942.

Caputi, Giuseppe, *La grande vittoria mediterranea nelle acque tunisine* in "Cronache della Guerra", Roma, Anno IV, N. 34, 22 agosto 1942.

"Carry on, Malta!" The Great Convoy Fight in "The Illustrated London News", London, Saturday, August 29, 1942, page 22.

Central Chancery of the Orders of Knighthood in "Third Supplement to The London Gazette of Friday, the 4th of September, 1942", London, His Majesty's Stationery Office, 1942.

Convoy battle: Nazis say more warships hit in "Daily Mirror", London, Friday, August 14, 1942.

Das Mittelmeer bleibt für England gesperrt in "Völkischer Beobachter", 228. Ausg. 55. Jahrg., Wien, Sonntag, 16. August 1942.

Documentario della battaglia aeronavale di mezz'agosto nel Mediterraneo Centrale in "Cronache della Guerra", Roma, Anno IV, N. 36, 5 settembre 1942.

Fiero proclama del Duce ai vittoriosi in "il Resto del Carlino", anno 58, n. 195, Bologna, lunedì, 17 agosto, 1942.

Kayser, von, Bruno, *Stukas über dem Mittelmeer* in "Der Adler", n. 3, Berlino 4 febbraio 1941.

Galea, Albert, *Operation Pedestal: The heroes who helped save Malta from starvation* in "The Malta Independent", Monday, 15 August 2022.

Gli aerosiluranti italiani negli ultimi scontri navali in "La Stampa", anno 76, n. 237, Torino, lunedì, 5 ottobre, 1942.

Il bollettino straordinario N. 808 in "Il Piccolo", Trieste, venerdì, 14 agosto, 1942.

Il convoglio inglese decimato in "Il Piccolo", Trieste, venerdì, 14 agosto, 1942.

I Was There! in "The War Illustrated", n. 137, September 18, 1942.

La battaglia dell'Atlantico in "7 Anni di Guerra, fotostoria del secondo conflitto mondiale visto dalle due parti in lotta", n. 7, 10 Novembre 1963.

L'affondatore della "Eagle" in "Le Ultime Notizie, Il Piccolo delle Ore Diciotto", Trieste, giovedì, 13 agosto, 1942.

L'annientamento del convoglio nemico in "Il Mattino", Napoli, sabato, 15 agosto, 1942.

La portaerei "Eagle„ affondata in "Corriere della Sera", Milano, mercoledì, 12 agosto, 1942.

Le epiche fasi della lotta in "Il Popolo di Trieste, Il Piccolo della Sera", n. 818, Trieste, venerdì, 14 agosto, 1942.

L'eroico comandante Buscaglia in "Tempo", n. 182, Roma, 19-26 novembre 1942.

Macmillan, Norman, *The War In The Air* in "The War Illustrated", n. 136, September 4, 1942.

Macmillan, Norman, *The War In The Air* in "The War Illustrated", n. 137, September 18, 1942.

Maressi, Giovanni, *Landschutz Istria*, 3ª parte in "Fronti di Guerra", Anno 14, n. 81, maggio 2022.

McMurtrie, Francis E., *The War At Sea* in "The War Illustrated", n. 136, September 4, 1942.

Navi in fiamme al largo delle coste tunisine in "Il Messaggero", Roma, sabato, 15 agosto, 1942.

Nessun trasporto scampato alla strage in "La Stampa", anno 76, n. 195, Torino, sabato, 15 agosto, 1942.

Pag. 18, in "Auckland Weekly News", Auckland, Wednesday, 24 March 1943.

Poderoso attacco a un convoglio scortato da un'imponente flotta in "Le Ultime Notizie, Il Piccolo delle ore diciotto", serie n. 7054, Trieste, giovedì, 13 agosto, 1942.

Riesengeleitzug im Mittelmeer zerschlagen in "Völkischer Beobachter", 226. Ausg. 55. Jahrg., Wien, Freitag, 14. August 1942.

Rizza, Claudio, *Breaking Hagelin* in "Rivista Marittima", Novembre, 2019.

Stormi italiani in "Il Mattino Illustrato", anno XVIII, n. 4, Napoli, 27 gennaio - 3 febbraio 1941.

Syfret, Edward Neville, *Operation "Pedestal"* in "Supplement to The London Gazette of Tuesday, the 10th of August, 1948", London, His Majesty's Stationery Office, 1948.

The Malta convoy in "The Sphere", London, Saturday, August 29, 1942, pages 281-283.

Tre navi da guerra e dieci piroscafi colati a picco in "il Resto del Carlino", anno 58, n. 194, Bologna, venerdì, 14 agosto, 1942.

U-Boote versenkten 13 Schiffe mit 86 000 brt in "Marburger Zeitung", Nr. 224, 82. Jahrgang, Marburg-Drau, Mittwoch, 12. August 1942.

Vego, Milan, *Major Convoy Operation to Malta, 10-15 August 1942 (Operation Pedestal)* in "Naval War College Review", Vol. 63, No. 1, Newport, U.S. Naval War College Press, Winter 2010.

Yonay, Ehud, *Top Guns* in "California Magazine", May 1983.

Fonti archivistiche

ACS, *Allied Control Commission – ACC*, Naples Zone, Liaison Officer, 195.

Archivio Fotografico, Fondazione Ranieri di Sorbello, immagine di Uguccione Ranieri di Sorbello in tenuta da tenente d'artiglieria (c. 1928).

Archivio Storico Istituto Luce, codice filmato: C027401.

AUSAM, fondo Diari Storici Seconda Guerra Mondiale 1940-1945, Serie anno 1942, fascicolo 897, 132° Gruppo Aerosiluranti, 9-15 agosto 1942.

AUSAM, fondo Documentazione personale, Serie libretti, Libretto personale del pilota Winspeare Carlo.

IWM, Catalogue number UKY 425.

National Archives, Kew, War Office, I.S.9 Progress Reports for November 4–21, 1943, A. Robb, Captain. No. 5 Field Section.

National Archives, Kew, War Cabinet. Chiefs Of Staff Committee. Minutes of Meeting held on Friday, 31st July, 1942, at 10.30 a.m., CAB 79/22/23.

National Archives, Kew, War Cabinet. Chiefs Of Staff Committee. Minutes of Meeting held on Tuesday, 11st August, 1942, at 5.45 p.m., CAB 79/56/86.

Ministero della Difesa, Direzione Generale per il Personale Militare, V Reparto 12ª Divisione, Servizio Orvieto – 3ª Sezione, Stato di servizio di Winspeare Carlo.

Ministero della Difesa, Direzione Generale per il Personale Militare, III Reparto, Servizio Ricompense e Onorificenze, proposta Medaglia di Bronzo al Valor Militare, Winspeare Carlo.

National Museum of the Royal Navy, Admiralty War Diaries, Malta Command, April to December 1942, Diary of Events in the Malta Command from 1st to 31st August 1942.

National Museum of the Royal Navy, Admiralty War Diaries, Mediterranean Fleet, July to September 1942, Mediterranean War Diary, August 1942.

SMA, Ufficio Storico, fondo Memorie storiche 1923-1943, Memoria servizi archivistici, 2012.

Altre fonti

Bear_EAF51, *Il Martin Baltimore: l'ultimo bombardiere italiano*.
Comune di Napoli, Ufficio dello Stato Civile, registro degli Atti di Matrimonio.
Copello, Massimo, *Il ricordo dei ricordi di un pilota di guerra*, 2010.
Decreto 17 marzo 1949.
Decreto Luogotenenziale 8 maggio 1946.
De Zeng, Henry L. - Stankey, Douglas G., *Luftwaffe Officer Career Summaries 1935-1945*, Version: 01.04.2023.
Fortunato, Francesco, *Fremma Uno: Campo Vesuvio e Stormo Baltimore, dove nasce l'Aeronautica Italiana*, sabato 26 aprile 2014.
Mattesini, Francesco, *Corrispondenza con l'autore del 25 e 26 settembre 2023*.
Regio decreto 4 novembre 1932, n. 1423 *Nuove disposizioni per la concessione delle medaglie e della croce di guerra al valor militare* e successive modificazioni.
Sobatti, Carlo, *Libretto personale di volo, annotazione del 12.08.1942*.
Vermisstenbildlisten, Suchdienst, Deutsches Rotes Kreuz, 1957.
Winspeare, Carlo, *codice fiscale*, WNSCRL17C13Z121L.
Winspeare, Edoardo, *Mio zio, Carlo Winspeare*, 2023.
Winspeare, Edoardo, *Lettera privata all'autore del 9 dicembre 2020*.
Winspeare, Edoardo, *Lettera privata all'autore dell'8 febbraio 2022*.
Winspeare, Edoardo, *Lettera privata all'autore del 27 settembre 2023*.
Winspeare, Riccardo, *Corrispondenza con Maria Vittoria Colonna del 25 luglio 1954*.

Web

www.ww2.dk
www.aircrewremembered.com
www.ancestors.familysearch.org
www.aucklandmuseum.com
www.briancrabbmaritimebooks.co.uk
www.camp59survivors.com
www.conlapelleappesaaunchiodo.blogspot.com
www.cwgc.org
www.difesa.it
www.gavs.it
www.governo.it
www.ibiblio.org
www.istitutodelnastroazzurro.org
www.marina.difesa.it
www.melbournestar.co.uk
www.movm.it
www.nobili-napoletani.it
www.partigianiditalia.cultura.gov.it
www.rafcommands.com
www.regiamarina.net
www.volksbund.de

Ringraziamenti

Alegi Gregory, Belli Mauro, Bianchini Enzo, Borrini Massimiliano, Bovino Monica, Brillini Diego, Cocola Paola, De Jeso Genoveffa, Dell'Amico Cesare, Di Cocco Alivernini Marco, Faltoni Giancarlo, Fochesato Bruno, Graziano Vincenzo, Greco Francesco, Hill Dennis, Pragliola Lucio, Raiano Michele, Rallo Michele, Rapolla Venanzio, Rastrelli Paolo, Spurr Brian, Venditti Carlo, Winspeare Edoardo.

TITOLI GIÀ PUBBLICATI - TITLES ALREADY PUBLISHING

BOOKS TO COLLECT

www.ingramcontent.com/pod-product-compliance
Lightning Source LLC
LaVergne TN
LVHW081538070526
838199LV00056B/3710